Exposition d'Économie et d'Hygiène sociales

ORGANISÉE PAR "LE JOURNAL"

AU PALAIS DE LA FEMME

(Grand Palais des Champs-Elysées)

MONOGRAPHIES DES ŒUVRES EXPOSANTES

Prix : **50** centimes

AU PROFIT DES ŒUVRES

PARIS

IMPRIMERIE F. LEVÉ

17, RUE CASSETTE

1905

Exposition d'Économie et d'Hygiène sociales

Organisée par " LE JOURNAL "

AU PALAIS DE LA FEMME

(Grand Palais des Champs-Elysées)

MONOGRAPHIES DES ŒUVRES EXPOSANTES

Prix : **50** centimes

AU PROFIT DES ŒUVRES

PARIS

IMPRIMERIE F. LEVÉ

17, RUE CASSETTE

1905

AVANT-PROPOS

En éditant les monographies dont le texte lui a été fourni par les Œuvres exposantes elles-mêmes, le *Journal* a eu un double but : donner satisfaction à un désir qui lui avait été exprimé par un grand nombre de Présidents et de Présidentes et perpétuer le souvenir de cette manifestation sociale.

Cette modeste publication n'aspire à remplacer aucun des ouvrages donnant la nomenclature des institutions d'assistance et de solidarité dues à l'initiative privée et qui sont l'honneur de notre pays. Néanmoins, elle répond à une préoccupation qu'exprimait sous une autre forme, et dans de plus grandes proportions, la conception de l'album de l'Économie sociale de l'Exposition universelle de 1900, édité par le Musée social. Elle a une originalité qu'on ne lui contestera pas : celle de paraître le jour de l'ouverture de notre Exposition et d'aider à l'enseignement et à la propagande qui doivent en résulter. L'Exposition du *Journal* a été conduite et en quelques jours menée à bonne fin par M. Jean Hébrard, dont on connaît l'activité et la compétence, et la décoration en a été conçue et exécutée par M. Bliault, l'habile architecte du Musée social.

Le temps a manqué pour faire appel à toutes les Œuvres et notamment aux grands groupements mutualistes. Beaucoup sont venus spontanément à nous. Aux uns et aux autres, le *Journal* exprime toute sa gratitude.

Cette publication a été imprimée et tirée en deux jours à plusieurs milliers d'exemplaires par M. F. Levé, imprimeur, 17, rue Cassette, à Paris, qui vient de battre, croyons-nous, le record de l'imprimerie...

Deux mutualistes dévoués, MM. René Cassagnade et Raymond Thomas, ont prêté gracieusement leur concours à MM. Jean Hébrard et Levé.

Tous, artistes, industriels, employés, ouvriers, ont rivalisé de zèle pour exécuter le tour de force que leur avait demandé le *Journal* : édifier, décorer et meubler en vingt jours la « Maison ouvrière », pendant que les Œuvres ayant en vue la formation et la conservation du foyer familial venaient, comme dans la vie, se grouper autour d'elle.

La Goutte de lait type et les Consultations de nourrissons d'une part, le Dispensaire type antituberculeux d'autre part, la Maison ouvrière au centre, ne représentent-ils pas les trois aspects principaux du problème social ?

Les conférenciers éminents qui ont bien voulu apporter à notre Œuvre l'appui de leur talent diront éloquemment, au cours de l'Exposition, tout le bien-être que les travailleurs retireraient de la diffusion de ces si intéressantes institutions.

Le *Journal* serait heureux d'y avoir aidé. C'est sa seule ambition.

Catalogue

DES

INSTITUTIONS DE BIENFAISANCE

La Maison Ouvrière du « Journal »

L'*Habitation à bon marché* située au centre de l'Exposition du *Journal* et conçue par M. BLIAULT, architecte du Gouvernement et du Musée Social, est d'une valeur de 7.000 francs et comprend : au rez-de-chaussée, une salle commune, un atelier familial, un abri couvert, une cuisine, buanderie, salle de bains ; à l'étage, deux chambres, un bain-douche, etc... L'auteur s'est plu à reprendre le programme des architectes du moyen-âge, « les matériaux de construction formant la décoration » ; en un mot, aucun superflu inutilitaire, mais par contre la plus grande recherche d'amélioration du confort populaire comprenant :

1° Une cuisine servant en même temps de buanderie et salle de bains (la baignoire dans le plancher) utilisant pour tous ces services l'unique bain-marie du fourneau-cuisinière, alimentant également le bain-douche de l'étage ; ordures ménagères accessibles de l'intérieur et placées à l'extérieur ; garde-manger-armoire ;

2° Un abri couvert permettant à toute famille la vie en plein air, aux enfants de *jouer*, aux parents de *travailler*, à tous d'y manger, et servant accessoirement d'étendeur pour le linge ;

3° Dans la salle commune et l'atelier familial, aucun lambris, la plinthe et la moulure servant à accrocher les cadres ; fenêtres à guillotine d'un modèle spécial avec vasistas de ventilation ; un seul poêle chauffant les quatre pièces de la maison :

4° A l'étage, bain-douche, resserre à linge sale ventilée et eau pluviale alimentant deux postes d'eau.

La maison, d'une superficie de 50 mètres, est entourée d'un petit jardinet de 250 mètres, contenant, suivant la formule de l'abbé Lemire, l'initiateur en France des jardins ouvriers :

1° Les plantes qui nourrissent ;

2° Les plantes qui réjouisssent ;

3° Les plantes qui guérissent.

Le potager, par des assolements quatriennaux, peut rapporter 150 francs par an.

La décoration des pièces est d'Aubert, l'artiste exquis connu de tous et qui a rénové l'art populaire en France.

La construction a été exécutée par :

M. Devillette, entrepreneur de maçonnerie, 189, rue Lafayette, à Paris ;

M. Favarou, entrepreneur de charpente ;

Les maisons Leclaire et Le Travail, entrepreneurs de peinture et vitrerie ;

La maison Corre, entrepreneur de serrurerie ;

La maison Briffaut, entrepreneur de chauffage ;

La Société Coopérative des Menuisiers ;

La Société des parqueteries hygiéniques.

Le jardin, exécuté par :

M. Curé, jardinier de l'Œuvre Sainte-Marguerite de Sceaux ;

M. Nomblot-Bruneau, pour le fruitier ;

M. Tricotel, pour les treillages ;

MM. Maumené et Debrie, pour les fleurs.

Principes qui doivent présider à la décoration d'une maison à bon marché *et qui ont été observés dans la décoration de la maison ouvrière du* Journal.

N'avoir rien dans la maison qui ne soit utile, qui ne soit bon, c'est-à-dire solide, et qui ne soit beau ou charmant.

La maison sera saine d'abord, elle sera propre, et elle sera meublée et décorée avec goût et simplicité.

M. Morris a dit : « Plus l'art s'élève, plus il est simple. »

Un art très simple peut être excellent, et il est souvent le moins coûteux.

Les harmonies peuvent et doivent être recherchées entre les tons, la couleur des murs (tons, couleurs qui dans une pièce constitueront la dominante) et les tons, les couleurs des tentures, étoffes, tapis, — des tapis mêmes, s'il en existe : rien n'est moins coûteux, ni plus facile à obtenir, et rien n'est plus nécessaire à l'ensemble d'une décoration.

Les principes précédents peuvent et doivent s'appliquer à la décoration de toute maison.

La décoration murale au pochon dans une maison à bon marché doit être telle de lignes et de couleurs que tout locataire ou propriétaire de la maison puisse l'exécuter lui-même.

Ici pas un objet de la décoration mobile, pas un objet d'art (estampes, photographies, moulages, poteries, vases décoratifs, etc.) qui coûte plus de 5 francs, ou qui généralement ne coûte moins, beaucoup moins : cependant ce sont là des objets d'art, utiles, bons et beaux ou d'un vrai charme ; et cela pour démontrer que chacun désormais, s'il le veut, peut goûter aisément les jouissances qui sont parmi les plus hautes, les jouissances esthétiques.

Jean Lahor.

L'Atelier familial, *reconstitué dans la Maison ouvrière du Journal.* — M. Robert Perraud, ex-artiste de la Manufacture des Gobelins, 17, *rue des Gobelins.* Paris.

La tapisserie est du grand art avec la Manufacture Nationale des Gobelins, production artistique avec les Manufactures d'Aubusson, mais, qu'elle soit de haute lisse comme aux Gobelins, ou de basse lisse, comme à Aubusson, elle est toujours la résultante d'un tissage artistique de fils de laine ou de soie sur des fils de coton ou de laine tendus, et, dans ces deux cas, pour les grandes pièces des Gobelins, pour les grandes pièces et les ameublements d'Aubusson, demande des connaissances artistiques et pratiques et des installations spéciales.

La réparation accompagne la tapisserie.

Le temps, l'humidité, les accidents ont détérioré de vieilles tapisseries auxquelles on tient. C'est là l'œuvre artistique et modeste autant que délicate qui permet de faire revivre en son lieu et place le morceau disparu, et ce dans les teintes, le style et le dessin de l'époque, et surtout dans celui du reste de la tapisserie à réparer. Aussi, quels soins, quelles connaissances de dessins et de styles, quelle mine de documents sont nécessaires à celui qui, au point de vue artistique s'entend, s'occupe de réparation de vieilles tapisseries. Combien d'œuvres de prix ont été perdues par des couleurs, par exemple teintes avec des dérivés d'aniline !

Mais au point de vue pratique utile et économiquement social, qu'avons-nous fait en France jusqu'à ce jour?

La tapisserie, qui est un art absolument féminin, peut si bien, dans de multiples applications, servir à l'ornementation de nos demeures pour lesquelles plus que jamais nous sommes à la recherche du beau ; la tapisserie reste l'affaire des Gobelins ou des grandes manufactures. Nulle part en France on n'a tenté de la faire connaître pratiquement, apprécier, diffuser, utiliser.

Il en est tout autrement à l'étranger. L'exposition de 1900 a été très instructive à ce sujet. La Suède et la Norvège ont tenté non sans succès la mise à la portée de tous de la tapisserie artistique.

L'Allemagne nous a montré des échantillons dont beaucoup sont restés chez nous en raison de leurs prix modiques.

La Bosnie et l'Herzégovine présentaient des tapisseries exécutées par des femmes et presque exclusivement de mémoire, sans dessins.

La Caramanie avait envoyé des portières tissées de même par des femmes sur des métiers presque semblables à ceux employés en France.

Des indigènes tissaient devant nous sans modèle des choses charmantes. Et ne sont-ce pas des femmes kabyles et arabes qui se livrent à la confection de ces tapisseries que nous apprécions?

Pourquoi en est-il autrement chez nous?

Pourquoi la femme française, dont le goût est si fin et si délicat, ne s'adonne-t-elle pas à la tapisserie?

Pourquoi cet art si charmant, si national, que l'étranger admire chez nous, n'avons-nous pas à cœur de le conserver, de le mettre en lumière, de le cultiver et d'en doter nos filles et nos femmes, comme d'une branche d'industrie bien française?

La dentelle a pu se copier et se faire mécaniquement. La tapisserie ne se fait qu'à la main et ne vaut que faite à la main.

Mais la tapisserie ne revient pas à des prix inabordables et ne demande nullement des années d'apprentissage.

Une jeune fille, une femme du monde, une ouvrière peut facilement confectionner un objet de valeur : Quelles ressources n'offre pas encore la tapisserie pour des œuvres d'assistance et de relèvement qui n'ont à donner à leurs assistées que des travaux de couture, ou ouvrages de dames !

L'étude et l'application de la tapisserie pratique sont vraiment nécessaires à notre époque.

La femme française doit trouver dans la tapisserie un travail conforme à son goût, ses aptitudes, ses affinités ; la Parisienne, la vraie Parisienne devrait passer maîtresse dans ce bel art.

Robert Perraud.

CHAPITRE PREMIER

SERVICES ET ŒUVRES DE MATERNITÉ

Crèche municipale Bonne-Nouvelle. — 144, *rue Saint-Denis*, Paris.

Cette crèche, fondée en 1866, se trouvant trop à l'étroit, a dû, le 13 mars 1899, s'installer dans un vaste local au n° 144 de la rue Saint-Denis, local aéré par sept fenêtres sur rue et dix sur cour, toutes garnies aux impostes de verres perforés, pour le renouvellement continu de l'air, de sorte qu'elle est parfaitement saine : aussi les enfants y jouissent d'une belle santé.

Les bains fréquents, l'exquise propreté de l'établissement, le lait stérilisé supérieur qui leur est donné, la nourriture de choix variée chaque jour, pour les enfants d'âge moyen et les grands, excitent leur appétit ; aussi les rend-on à trois ans aux mères heureuses et satisfaites de les voir forts et robustes. Or, on sait que les trois premières années donnent un appoint de résistance remarquable aux enfants.

Crèche de la ville d'Argenteuil (Seine-et-Oise).
Présidente : Mme FINET.

Goutte de Lait de Saint-Pol-sur-Mer. Fondée par M. VANCAUWENBERGHE, maire, dirigée par M. le Dr E. AUSSET, professeur à la Faculté de médecine de Lille.

Cette Œuvre assure l'allaitement maternel tout en distribuant le lait aux enfants que les mères ne peuvent nourrir.

L'Œuvre a été fondée en 1902. Depuis sa fondation la mortalité infantile a diminué à Saint-Pol de 50 %.

Les mères qui nourrissent au sein reçoivent des secours en

nature (pain, viande, charbon). Le lait est donné gratuitement aux enfants nourris artificiellement. Au début de l'Œuvre il y avait 22 % des enfants au sein, actuellement il y en a 78 %.

Les consultations ont lieu tous les dimanches à 9 heures du matin, et sont faites par M. le professeur Ausset. Cette Œuvre assiste une moyenne de 150 à 175 enfants par an.

Projet pour la construction d'une « Goutte de Lait modèle », exécuté par M. BLIAULT, architecte du Gouvernement et du Musée social, d'après le programme du Pʳ E. AUSSET, de Lille.

Comprenant :
1° Une salle d'attente, décorée de maximes encourageant l'allaitement maternel, exemple : « Le sein de la mère appartient à l'enfant », etc ; où se tiennent les mères déshabillant les petits ;
2° Le cabinet de consultations avec pèse-bébé, où l'on conserve les fiches de contrôle de chaque bébé ;
3° La salle de Pasteurisation avec guichet, où chaque mère vient chaque jour s'approvisionner de lait complet débarrassé de toute action nocive ;
4° Une salle d'isolement communiquant directement avec le cabinet du Docteur.
Etablissement de la construction, 10.000 francs.

Ligue fraternelle de Montmartre. Œuvre de la Goutte de Lait. Fondée en 1898. — Siège social : 6, *rue Sainte-Isaure*, Paris.

L'Œuvre de la Goutte de Lait, de Montmartre, entre actuellement dans sa septième année d'existence et est de plus en plus suivie, non seulement par les mères habitant le quartier de Clignancourt, mais aussi par celles habitant La Chapelle, La Goutte-d'Or, les Grandes-Carrières et un grand nombre demeurant à Saint-Ouen.

Elle est actuellement classée parmi les consultations de nourrissons les plus importantes de la capitale.

Au cours de l'année 1903, l'Œuvre a donné 3.433 consultations; elle a distribué 24.540 litres de lait stérilisé ; 186 mères ont amené leurs nourrissons à la pesée.

Sur 384 nourrissons présentés, il y a eu 47 décès.

Mutualité Maternelle. — Siège social : 52, *rue Saint-Sauveur*, Paris. Fondateur : M. Félix POUSSINEAU.

La *Mutualité Maternelle* a pour but de donner aux sociétaires, lorsqu'elles sont en couches, une indemnité suffisante pour qu'elles puissent s'abstenir de travailler pendant quatre semaines et pour leur permettre de se soigner et de donner à leur enfant les soins qu'il réclame pendant les premières semaines qui suivent la naissance.

La Société se compose de membres honoraires et de membres participantes.

Pourra devenir participante toute femme employée, ouvrière, ménagère ou domestique, de nationalité française, âgée de seize ans au moins, domiciliée à Paris ou dans le département de la Seine, qui en fera la demande et s'engagera à se conformer aux statuts.

Pour avoir droit à une indemnité, il faut que la participante soit inscrite depuis neuf mois au moins et ait payé sa cotisation de l'année.

Chaque accouchée recevra pendant quatre semaines, à dater du jour qui suivra son accouchement, une indemnité de 12 fr. par semaine, à la condition qu'elle s'abstienne de tout travail pendant ces quatre semaines.

Cette indemnité de 12 francs sera élevée à 15 francs par semaine pour toute participante, mère de six enfants vivants, au moment de la naissance du septième enfant.

En cas d'accouchement double, l'indemnité sera élevée de moitié.

Une prime de 10 francs sera accordée à toute sociétaire qui allaitera elle-même son enfant durant les quatre premières semaines.

La Mutualité Maternelle de Vienne et de l'Isère,
fondée en 1894.

But :

1° Sauvegarder la santé et les maternités futures des femmes qui travaillent en leur rendant possible, par une allocation suffisante, un repos de quatre semaines après leur accouchement et en leur procurant des consultations médicales gratuites au dispensaire de la société.

2° Combattre la mortalité infantile et protéger la santé des enfants :

a) Par les consultations médicales gratuites du dispensaire ;

b) Par le développement de l'allaitement au sein grâce à une prime de 20 francs allouée à toute sociétaire qui nourrit elle-même son enfant,

et en outre depuis 1904 :

c) Par une distribution de lait humanisé et stérilisé destiné à remplacer l'allaitement au sein quand ce dernier est impossible ;

d) Par une consultation de nourrissons ;

e) En stimulant les mères et nourrices dans les soins à donner aux enfants : 1° par une prime de 5 francs allouée à toute mère ou nourrice qui a apporté son enfant aux pesées pendant six mois consécutifs (pour un an de pesées régulières, la prime est de 10 francs) ; 2° par un concours annuel de bébés dans lequel un jury décerne des prix aux enfants les mieux soignés.

Depuis 1899, pour encourager la prévoyance des parents et commencer dès le berceau l'éducation prévoyante des enfants, il est attribué annuellement à tous les enfants nés dans l'année et vivant au 25 décembre, un livret de 2 francs comme amorce d'épargne.

Il est distribué, en outre, chaque année, aux sociétaires accouchées, un certain nombre d'objets de layettes, fournis en grande partie par les dames patronnesses de l'Œuvre.

Œuvre de l'allaitement maternel et des Refuges-Ouvroirs pour les femmes enceintes. Reconnue d'utilité publique, fondée en 1876 par Mme Béquet de Vienne. — Siège social : 9, *rue Jean-Baptiste-Dumas*, Paris. Président : M. Bruère.

Recueille dans ses Refuges les femmes enceintes dénuées de ressources, mariées, veuves ou abandonnées. Après la délivrance *l'Œuvre de l'Allaitement maternel* permet à la mère d'allaiter son enfant, grâce à des secours à domicile qui se continuent pendant un an et même 18 mois.

A assisté ainsi plus de 37.000 enfants et a recueilli près de 10.000 femmes enceintes.

L'Œuvre de l'Allaitement maternel a inauguré en France, dès 1892, l'assistance aux femmes enceintes par le Refuge-Ouvroir de l'avenue du Maine, le premier établissement de cette nature.

Œuvre Henry Coullet du Lait maternel. — Siège social : 5, *rue Corneille*, Paris.

> « Pourquoi le nid a-t-il ce qui manque au berceau ? »
>
> Victor Hugo.

L'Œuvre Henry Coullet du Lait maternel est, avant tout, une Œuvre de protection de la première enfance. Elle consiste à entretenir des restaurants gratuits où les mères pauvres qui allaitent leur enfant sont nourries gratuitement. Aucune mère accueillie par l'Œuvre n'est tenue à donner de renseignements sur son état civil ou sur sa religion. Il lui suffit de prouver qu'elle allaite réellement. L'Œuvre fondée le 4 novembre 1904 a déjà fourni plus de 1383 repas gratuits. Elle a trois restaurants des mères :

Un à Ménilmontant, 13, passage Julien-Lacroix ;

Un à Montmartre, 10, rue Sainte-Isaure ;

Un à Mouffetard, 45, rue Daubenton.

Les cotisations sont d'un minimum de 3 francs pour les adhérentes.

La part minimum de fondateur est de 75 francs.

L'Œuvre maternelle du XXᵉ arrondissement. — Siège social :
11, *rue de la Plaine*, Paris.

Association formée entre les Directrices et institutrices des Écoles maternelles, a été fondée le 15 juin 1901 sur l'initiative de M. Jeannot, Inspecteur de l'Enseignement primaire.

Elle a pour objet la protection morale et matérielle des jeunes enfants fréquentant les écoles maternelles.

Elle distribue des secours en nature (vêtements divers, chaussures, etc...);

Elle aide — et même supplée — la famille dans les premiers soins physiques et moraux à donner aux tout jeunes enfants;

Elle procure aux élèves des Écoles maternelles des jouets et des distractions de leur âge;

Elle est donc à la fois une œuvre bienfaitrice, moralisatrice et récréative.

Les résultats obtenus sont les suivants :

Les « absences » sont devenues moins fréquentes que par le passé, l'enfant allant de meilleur cœur là où il se sent accueilli, aimé, protégé.

Les familles qui ont plus que le nécessaire s'habituent à donner à celles qui n'ont pas assez. Et ainsi, l'alliance de la Famille et de l'École est cimentée par la générosité des uns et la gratitude des autres.

Les parents accordent une confiance de plus en plus grande aux institutrices de leurs enfants. Cette « action morale » de l'*Œuvre maternelle* suffirait à elle seule à la recommander

Œuvre nouvelle des Crèches parisiennes. — Siège social :
113, *avenue Victor-Hugo*, Paris. Présidente-fondatrice :
Mme Marguerite CREMNITZ.

L'Œuvre expose une partie des nombreux services d'une de ses crèches : le cabinet du docteur; consultations; admissions; pesée des enfants; la salle d'allaitement, réservée aux mères qui viennent dans la journée allaiter leur enfant; un coin de dortoir; la biberonnerie, exclusivement réservée à la stérilisation du lait. Chaque femme, dont l'enfant n'est pas nourri au sein, emporte la provision nécessaire pour la nuit ; lorsque l'enfant est retenu chez lui, son lait lui est envoyé régulièrement. Dans les familles nécessiteuses, l'enfant est habillé complètement. Toutes les crèches sont gratuites. Tout le temps de son séjour à la crèche, c'est-à-dire de huit jours à trois ans, le bébé ne coûte rien à sa famille.

L'*Œuvre nouvelle des Crèches parisiennes* a pour but de fonder des crèches dans les quartiers qui n'en ont pas, surtout dans les plus malheureux, les plus déshérités, dans ceux, en un mot, où la femme est obligée de gagner le pain de chaque jour. C'est une œuvre sociale entre toutes, saine et moralisatrice, qui permet à la mère de ne pas se séparer de son enfant, et favorise ainsi l'allaitement maternel ; elle maintient donc l'intégralité de la famille et restreint l'envoi des bébés en nourrice, d'où, hélas ! si peu reviennent.

Œuvre philanthropique du Lait. Fondation Henri de Rothschild.
Siège : 29, *rue Cambacérès*, Paris.

L'*Œuvre philanthropique du Lait* a été fondée en 1899 par le Dr Henri de Rothschild dans le but de procurer du lait de très bonne qualité :

1° Aussi bon marché que possible à la classe ouvrière ;
2° A un prix un peu plus élevé à la population plus aisée ;
3° Gratuitement aux indigents.

Le succès de l'Œuvre s'est affirmé par la création jusqu'à ce jour de 28 dépôts.

L'Œuvre distribue tous les mois aux indigents qui en font la demande un grand nombre de bons gratuits ou 1/2 gratuits, suivant leur situation et le nombre de leurs enfants ; elle en vend aussi aux personnes charitables pour être distribués par elles à leurs pauvres.

Œuvre sociale du Bon Lait. — Siège social ; 49, B^d Arago. Paris.

L'Œuvre ne vend que du lait provenant de vaches saines, qui sont sous la surveillance constante de vétérinaires-inspecteurs. Ce lait subit en outre un traitement minutieux de pasteurisation. Puis il est débité dans les différents dispensaires aux prix de 0,20, 0,10 et 0,05 en litres, demi-litres et quarts de litre, ce qui permet à la mère pauvre d'acheter une tétée de bon lait pour un sou.

Afin de se rendre compte des progrès de l'enfant, un pèse-bébé enregistre chaque jour son poids, sous le contrôle d'un médecin qui, deux fois par semaine, donne des consultations gratuites pour les bébés.

Le Comité de l'Œuvre délivre à toute personne vraiment digne d'intérêt qui lui est signalée par le Comité de Surveillance des bons de lait gratuits.

Pouponnière de Vareddes (Seine-et-Marne). — Siège social : 9, *place des Ternes*, Paris.

Sauver de la misère quelques enfants malheureux, leur donner du bon air, des bons soins, du bonheur, tel est le but que s'est proposé Mme Johnson en installant à ses frais, en pleine campagne, à proximité de Paris, cette Œuvre philanthropique, où elle recueille des enfants âgés de deux à sept ans, qui sont abandonnés ou dont les parents ne sont pas en état d'assurer l'existence.

Ils y sont admis sans distinction de condition sociale, de culte ou de sexe, et reçoivent des soins dévoués d'un personnel éprouvé sous une surveillance médicale constante et sont entourés de toutes les conditions hygiéniques possibles. Les dortoirs sont exposés au midi.

La *Pouponnière* occupe un bâtiment assez vaste pour contenir une trentaine d'enfants, soit le double du nombre qui s'y trouve actuellement, les admissions étant forcément restreintes par le budget.

Les ressources de l'Œuvre se composent :

1° Des libéralités de la fondatrice ;

2° Des cotisations et souscriptions volontaires ;

3° Des dons de toute nature ;

4° Des versements effectués par les parents ou personnes s'intéressant à l'enfant.

Société de Charité Maternelle de Paris. Reconnue d'utilité publique. — Siège social : 48, *rue de la Bienfaisance*, Paris.

La *Société de Charité Maternelle de Paris*, créée en 1784 par Mme de Fougeret, a pour objet, aux termes mêmes de la volonté de sa fondatrice :

« D'assister à domicile les mères pauvres en couches, de les « seconder dans les premiers soins à donner aux nouveau-nés, « et d'empêcher l'abandon des enfants légitimes à l'hospice des « Enfants-Trouvés, en les préservant de tous les maux qu'en- « traîne la privation de secours dans les premiers instants de « la vie. »

Les trois caractères spécifiques de son intervention sont :

1° L'adoption de l'enfant avant sa naissance, qui, en donnant à la mère toute sécurité d'esprit, la place dans de meilleures conditions physiques;

2° L'allaitement maternel, qui est l'agent de protection le plus certain de la vie des nouveau-nés, et qui, exigé en principe, n'est suppléé, dans les cas où le médecin le reconnaît impossible, que sous la surveillance la plus stricte;

3° L'assistance à domicile, qui établit entre la personne qui donne et celle qui reçoit, rapprochées par la communauté de leurs natures, des rapports d'esprit et de cœur, complément indispensable des secours matériels.

La *Société de Charité Maternelle de Paris* secourt actuellement chaque année, sans aucune distinction de religion ni de natio- nalité, en moyenne 2.850 femmes mères de 2.900 enfants; grâce à la modicité de ses frais d'administration, elle réussit à leur distribuer la presque totalité de ses recettes, soit environ 145.000 francs.

Société des Crèches. Fondée à Paris en 1846, reconnue d'uti- lité publique. — Siège social : 15, *avenue d'Iéna*, Paris, XVI° arr.

La *Société des Crèches* a été créée en 1846 par Firmin Marbeau, le fondateur de la première Crèche, qui fut ouverte à Chaillot, le 14 novembre 1844. Cette *Société* a été reconnue comme établissement d'utilité publique par décret du 17 juillet 1869. Elle a pour but d'aider à fonder et à soutenir les crèches, d'en propager et perfectionner l'institution. Elle aide par ses subventions les crèches qui ne peuvent pas se suffire à elles-mêmes, sous la seule condition qu'elles soient bien tenues.

Il y avait, au début de 1902, 408 crèches en France, dont 105 dans le département de la Seine (66 dans Paris et 39 dans la banlieue). Le plus grand nombre des crèches françaises sont des Œuvres privées, nées de l'initiative de quelques bienfaiteurs, qui tantôt ont loué un local pour y installer des berceaux, une pouponnière et le matériel indispensable, tantôt ont fait édifier une construction pour cette destination spéciale et ont groupé des souscripteurs pour assurer la marche de l'Œuvre.

Parmi les crèches qui ont été construites dans ces dix dernières années, à Paris dans les environs, nous pouvons citer comme type de crèche modèle, la crèche Fourcade (Paris, XV⁰ arrondissement). Nous recommandons aussi la crèche de Meudon (Seine-et-Oise) qui, par sa disposition très simple, répond très convenablement à tous les besoins.

Société maternelle parisienne « La Pouponnière ». Établissement à Porchefontaine (Versailles). Reconnue d'utilité publique. — Siège social : 116, *rue de Grenelle*, Paris, Mairie du VII⁰ arr. Présidente : Mme VIEL-PICARD.

La Pouponnière, Œuvre à la fois d'assistance et de charité, est un établissement unique en France. Il est destiné à servir de modèle aux maisons d'élevage futures.

La Pouponnière, au point de vue médical, a fait la preuve que sans crainte on peut élever en commun les enfants en bas âge. La dernière statistique (avril 1904) établit un chiffre de 3,9 % comme mortalité.

La Pouponnière poursuit un double but : 1° fournir un des plus sûrs moyens contre la dépopulation en élevant, dans des conditions d'hygiène tout à fait exceptionnelles, les enfants de la classe des travailleuses ; 2° ne pas séparer les femmes abandonnées et les filles-mères de leurs enfants, tout en les prenant comme nourrices. Pour prix de leurs services les nourrices reçoivent une somme mensuelle de 30 francs. leur entretien complet est à la charge de la Société; en outre. leur enfant est élevé gratuitement.

Les nourrissons, élevés au sein pendant les premiers mois, sont acceptés dès leur naissance et gardés jusqu'à trois ans.

Le Dr Raimonde. spécialement attaché à l'établissement, fait un examen journalier des enfants et contrôle les pesées hebdomadaires.

Société des Dames patronnesses de Courbevoie. Reconnue d'utilité publique. — Siège social : 13. *rue du Chemin-de-fer*, Courbevoie. Présidente d'honneur : Mme la baronne DE NEUFVILLE. Présidente : Mme LE CHIPPEY.

Les secours donnés au moment de l'accouchement comportent : une layette composée de couches, langes, brassières, chemises d'enfant. bandes, fichus. chemises de femme.

Bons de pain, viande. charbon et lait pendant trois mois et au delà, suivant les besoins.

Soins médicaux et médicaments aux enfants dès leur naissance.

Les draps sont prêtés aux femmes le temps nécessaire.

Il n'est délivré aucun don en espèces.

Avant l'accouchement. les dames visiteuses se rendent à domicile auprès des femmes; elles accordent des secours à celles qui sont dans l'impossibilité de travailler.

La Société leur vient en aide jusqu'à ce que l'enfant ait atteint l'âge de trois ans.

La Société leur procure de l'ouvrage et leur fait confectionner, moyennant salaire. la layette, le linge et les vêtements pour l'Œuvre.

La dame visiteuse encourage la mère, remonte son moral, lui donne des conseils et lui indique, quand il est nécessaire, les soins et prescriptions hygiéniques à prendre dans l'intérêt de l'enfant.

L'Œuvre est ouverte à tous sans distinction d'opinion, de croyance et de nationalité.

CHAPITRE II

PROTECTION DE L'ENFANCE ET DE LA JEUNE FILLE

Abri de la Fillette. Fondé en 1895. — Siège social : 38, *rue des Cascades*, Paris, XXᵉ arr. Présidente : Mme ANDERSSON DE MEYERHELM.

L'association dite Œuvre de l'*Abri de la Fillette* a pour but de recueillir sans distinction de culte des petites filles abandonnées ou appartenant à des familles pauvres, et de les élever jusqu'à l'époque où elles peuvent être placées ou rendues à leurs familles. La pension d'une enfant est de 240 francs; les personnes qui assument cette charge sont membres fondateurs de l'Œuvre. Les parents peuvent concourir à l'Œuvre selon leurs moyens; quant aux enfants malheureuses, elles sont reçues et élevées gratuitement. La cotisation annuelle des membres sociétaires est de 20 francs. Les membres coopérateurs peuvent fournir une cotisation annuelle de 10 à 5 francs.

Atelier. Ecole de jeunes filles. — Siège social : 40, *rue Boulard*, Paris, XIVᵉ arr. Présidente : Mme Victor FOURNIÉ.

L'Œuvre, fondée en 1880 par Mme Suchard de Pressensé, a pour but de mettre les jeunes filles qui nous sont confiées en état de gagner honorablement leur vie par le travail. Elles apprennent la couture (lingerie et robes), les soins du ménage; quelques-unes d'entre elles suivent le soir des cours de commerce;celles qui entrent chez nous sans avoir déjà leur certificat d'études, le préparent et l'obtiennent.

Les résultats de notre Œuvre sont bien faits pour nous encourager; une fois l'apprentissage terminé, nos enfants se placent facilement, car elles emportent de l'*Atelier-Ecole* le don précieux d'une bonne réputation. Les unes entrent dans des maisons de commerce, d'autres chez des couturières, d'autres encore deviennent femmes de chambre, ou gouvernantes à l'étranger. C'est dans la recherche et le choix de ces positions que nous pouvons rendre à nos jeunes filles des services signalés; notre sollicitude continue à les entourer après leur départ de la maison, et elles savent qu'elles peuvent toujours revenir à l'*Atelier* chercher aide, conseil et protection.

Association des Jeunes Economes. Reconnue d'utilité publique. — Siège social : 159, *rue de l'Université*, Paris. Directrice : Mlle D'EMIÉVILLE.

La Société vient en aide aux jeunes filles appartenant à des familles pauvres et nombreuses de Paris.

Elle pourvoit *gratuitement* à tous leurs besoins en leur donnant le logement, l'habillement, la nourriture, l'éducation et l'instruction.

Les fondatrices de cette Œuvre, Mlle Lauras et Mlle Duval, firent appel aux jeunes filles favorisées de la fortune, pour secourir, sur *leurs économies*, les enfants moins heureuses qu'elles. De là le nom des Jeunes Economes, que portent les Associées de l'Œuvre.

C'est la première Œuvre qui se soit occupée *gratuitement* des enfants du peuple; aussi a-t-elle pris une grande extension et suscité bien des dévouements et des générosités.

Les jeunes filles admises dès l'âge de huit ans apprennent à l'Ouvroir la lingerie fine et le blanchissage. Au moment de leur sortie, elles reçoivent un trousseau, une somme d'argent, sont placées, et souvent mariées avantageusement. La maison leur est toujours ouverte quand elles veulent y revenir.

Association dite : Œuvre des Maisons de famille pour jeunes filles isolées. Reconnue d'utilité publique. Siège social : 101, *rue de Lille*. Paris.

Cette œuvre, fondée en 1891, a pour but spécial d'offrir aux jeunes filles isolées, quelle que soit la nature de leur travail, un logement sûr, une nourriture saine, en même temps que la vraie vie de famille. C'est la seule Œuvre de ce genre où l'on attend le soir le retour des jeunes filles en leur servant à toute heure un dîner chaud.

Les conditions sont : logement et nourriture, 65 francs par mois en chambre, et 50 francs par mois en dortoir. Les repas se composent d'un potage, un rôti, un plat de légumes et un dessert. Chambrettes à 60 francs.

En offrant ainsi aux jeunes filles éloignées ou privées de leurs familles la possibilité de vivre à l'abri du mal, nous leur apprenons à se suffire à elles-mêmes, quelle que soit la modicité de leur gain. Elles peuvent commencer à mettre de côté quelques économies pour parer aux heures difficiles ou importantes de leur existence. En un mot nous voulons en faire des femmes capables de fonder une famille et de pourvoir à ses besoins.

L'Avenir, Société de prévoyance et de secours mutuels des dames et des demoiselles du commerce. Fondée en octobre **1863**. — Siège social : 37, *rue de Rivoli*. Paris. Présidente d'honneur : Mme Paul DESCHANEL. Président : M. BLAIS-MOUSSERON.

L'*Avenir*, Société de prévoyance et de secours mutuels des dames et des demoiselles du commerce et de l'industrie, compte 1.100 membres et un capital social de 270.000 francs.

Caisse des Orphelins du XIXe arrondissement de Paris. — Siège social : 137, *rue d'Allemagne*, Paris.

La *Caisse des Orphelins du XIXe arrondissement* a été fondée en 1880.

Elle est formée par des membres souscripteurs des deux sexes payant une cotisation annuelle minima de 6 francs.

Elle est administrée par un bureau de 9 membres nommés, chaque année, en assemblée générale.

Elle pourvoit à l'instruction, à l'éducation et à l'entretien des enfants habitant l'arrondissement et moralement abandonnés ou orphelins même d'un seul parent.

Les pupilles sont admis à titre gratuit ou onéreux, le bureau déterminant la contribution des parents ou tuteurs.

La Société est laïque et laisse à la charge des parents ou tuteurs les frais résultant de la pratique d'un culte suivi par les enfants.

Cercle Amicitia. Union parisienne des Institutions féminines chrétiennes. — Siège social : 12, *rue du Parc-Royal*. Paris.

Le *Cercle Amicitia* comprend différentes Œuvres :

1° Le Cercle féminin. — Salles de lecture, de conversation, de correspondance. — Bibliothèque, journaux. — Conférences. — Beau jardin. — Téléphone.

Pour être reçue membre du Cercle, il faut fournir deux lettres de références. — Souscription, 12 francs par an.

2° Chambres meublées. — 30 à 45 francs par mois, y compris le déjeuner du matin, le chauffage, l'éclairage et le service. — Toute demande d'admission doit être accompagnée de deux lettres de références et doit mentionner l'âge, l'occupation, la nationalité, la date d'arrivée et la durée prévue du séjour de la postulante. — Bains, douches. — Chauffage à la vapeur. — Eclairage électrique.

3° Restaurant féminin. — De 7 à 8 heures ; de 11 h. 1/2 à 1 heure et de 7 heures à 8 heures. — Bonne cuisine bourgeoise, à la carte et à des prix modérés. — Plat du jour (viande et légumes), 0 fr. 60.

4° Œuvre des Demoiselles de Magasin. — La Directrice reçoit tous les jours de 11 heures du matin à 10 heures du soir, au Cercle. — Réunion familière avec goûter, le dimanche après midi. — Cordiale bienvenue à toutes les demoiselles de magasin.

5° L'Union internationale des Amies de la Jeune Fille. — Branche française. — Bureau de placement gratuit, ouvert de 2 à 4 heures, sauf le dimanche et le jeudi, pour institutrices, gouvernantes, employées de commerce, domestiques. — Références demandées des dames. — Certificats légalisés des personnes qui cherchent à se placer.

6° L'ouvroir, ouvert tous les jours, est destiné à faciliter le travail sur place et à domicile aux ouvrières lingères. — Trousseaux, layettes, etc.

Cercle de Jeunes Filles. *La maison des Dames des Postes, des Télégraphes et Téléphones*, en construction. — Siège social : 41, *rue de Lille*, à Paris.

Comprend au sous-sol :
Le service des cuisines, salle des gens, offices, lavabos, vestiaires, réserve à bagages, calorifère, etc.
Au rez-de-chaussée :
Une grande salle à manger et salon de lecture pouvant former salle de concert, donnant sur une galerie-véranda; bureau de la directrice, loge.
Aux étages :
100 chambres spacieuses et à chaque étage, bains, douches, salle de bains, pièce pour brosser les robes et chaussures; pièce pour l'alimentation d'eau froide et d'eau chaude; salon, parloir, etc., etc.
Service de restaurant coopératif; service de blanchisserie coopérative.
Tout le rez-de-chaussée donnant sur un jardin de 200 mètres.

Cercle du Travail féminin. — Siège social : 35, *boulevard des Capucines*, Paris IIe arr. Directrice : Mlle Marie VIGNAUD. Présidente : Mme Jules SIEGFRIED.

Le *Cercle du Travail féminin* est non pas un patronage mais une association sans caractère confessionnel ni politique, de femmes qui travaillent et qui veulent à la fois améliorer leur situation matérielle par l'aide mutuelle et se créer un foyer commun, un centre de distractions et d'amitiés. — Le *Cercle* est ouvert tous les jours de 10 heures du matin à 10 heures du soir. Principaux avantages du *Cercle* : 1° Salle de conversation, salle de lecture, bibliothèque (prêt à domicile); 2° Cours gratuits : allemand, anglais, comptabilité, coupe, chant, dessin industriel, français, piano, sténographie; les cours ont lieu le soir à 8 h. 1/2 ; 3° Office de placement gratuit ; 4° Maisons de vacances : 1" aux environs de Paris, à Jouy-en-Josas (maison Rose, 1 fr. 50 par jour) ; 2° à Onival-sur-Mer (maison Bleue, à 2 fr. 50 par jour) ; 5° Réunion amicale le jeudi soir et thé en commun ; 6° Service médical : consultations gratuites dans les divers quartiers de Paris. Réduction chez un grand nombre de pharmaciens ; 7° Consultations juridiques gratuites ; 8° Thé l'après-midi.

Cercle des Hirondelles (*Association de charité*). — Siège social : 102, *avenue des Champs-Elysées*, Paris.

Le *Cercle des Hirondelles*, établi par Mme Louis Binder et fondé en 1872, est une Œuvre dont le but est de venir en aide au plus grand nombre possible de familles pauvres.

Cette association de charité, qui comporte un ouvroir et un vestiaire, n'étant point circonscrite dans un seul quartier, donne le droit à chaque associée de participer aux ressources de l'Œuvre en faveur de ses propres protégés.

Les associées ne sont pas seulement chargées de distribuer aux pauvres familles, durant les longs mois d'hiver, les vêtements chauds et les secours matériels, mais elles doivent aussi leur porter la sympathie qui console, les exhorter à l'accomplissement de leurs devoirs, et ne pas oublier que le but de leur mission est d'assister sans humilier, et de moraliser en secourant.

Le Comité roubaisien de Protection de l'enfance. — Siège social : 13, *rue du Château*, Roubaix (Nord).

A pour but :

1° D'encourager et de propager l'allaitement maternel ;

2° De faire pénétrer, dans la population ouvrière principalement, les règles de l'hygiène infantile, et particulièrement de l'allaitement artificiel en combattant les préjugés, les pratiques défectueuses (biberons à tube, sucettes, etc.) ;

3° De récompenser les mères les plus dévouées et les plus

soigneuses et principalement celles qui allaitent leurs enfants au sein;

4° De fournir par l'intermédiaire de la *Goutte de Lait* — aux femmes qui ne peuvent nourrir que partiellement leurs enfants au sein ou qui sont dans l'impossibilité de remplir ce devoir — un lait sain, tout préparé, dans de petites bouteilles biberons qui représentent chacune une tétée appropriée à l'âge et au poids du nourrisson;

5° De donner aux mères, par les soins de ses médecins, les conseils d'hygiène nécessaires à l'élevage de leurs enfants (consultation quotidienne de nourrissons);

6° De protéger, en un mot, la santé physique des petits enfants (surtout des enfants pauvres) et de préparer des générations saines et fortes.

La Couturière, Société de secours mutuels et de prévoyance. Siège social : 32, *rue Tronchet*, Paris.

Moyennant une cotisation mensuelle de 2 francs, la Société *La Couturière* donne gratuitement à ses sociétaires : les soins du médecin, de la sage-femme, du dentiste et les médicaments. Elle place dans des maisons de santé ou de convalescence celles de ses sociétaires qui ne peuvent se faire soigner à domicile. Elle alloue des secours pécuniaires dans les conditions fixées par ses statuts et indique gratuitement à ses sociétaires les emplois vacants; elle pourvoit à leurs frais funéraires et leur assure une concession de cinq ans.

Indépendamment des soins médicaux, pharmaceutiques, de sages-femmes, etc... la *Couturière* remet à ses sociétaires en couches une somme de 50 francs; de plus, si elles allaitent leur enfant, elles reçoivent 50 autres francs au bout du second mois.

Ecole foraine. — Siège social: 62, *rue Ramey*, Paris.

L'œuvre de l'*École foraine*, fondée en 1893 par Mlle Eugénie Bonnefois, a pour but de donner aux petits forains l'instruction qu'ils ne peuvent pas aller chercher dans les écoles publiques.

Les forains qui n'ont pas de résidence fixe n'étaient pas admis dans les écoles publiques où, d'ailleurs, ils n'auraient pu venir régulièrement. Malgré cet obstacle, Mlle Bonnefois trouva la solution cherchée.

Puisque les forains ne peuvent aller à l'école, l'école ira les trouver et les suivra partout. Et maintenant, grâce aux efforts de la fondatrice, récompensée en 1897 par le prix Montyon; grâce au dévouement de Mlle Girault, qui, depuis six ans, dirige les classes, il n'y a plus, ou presque plus, d'illettrés parmi les forains. C'est donc à juste titre que l'on peut considérer l'*École foraine* comme une œuvre intéressante au double point de vue social et humain.

Les Enfants du Peuple, Orphelinat démocratique de la Haute-Garonne. — Siège social : 9, *boulevard d'Arcole*, Toulouse.

La Société a pour but :

1° De protéger l'enfance, de subvenir aux besoins des orphelins des membres participants jusqu'à l'âge de 18 ans, de les recueillir et les élever au besoin et de leur faciliter les débuts de leur carrière;

2° De combattre la mortalité infantile et par suite la dépopulation, en donnant à chaque sociétaire, au moment de la naissance de chacun de ses enfants, une allocation lui permettant de faire donner les premiers soins à la mère et à l'enfant.

La cotisation des membres participants est de 1 franc par mois et par famille, *quel que soit le nombre des enfants*.

Lors du décès du père ou de la mère, le survivant ou le tuteur reçoit les allocations qui lui permettent d'élever les enfants jusqu'à l'âge de 18 ans.

Les orphelins ne sont pas hospitalisés.

Foyer de l'Ouvrière, restaurants féminins à bon marché.

Le *Foyer de l'Ouvrière*, dû à l'initiative de quelques ouvrières parisiennes inspirées par la philanthropie évangélique, consiste dans un restaurant à bon marché pour les ouvrières travaillant hors de chez elles dans le centre de la ville.

Toute femme est admise sans distinction de culte, de profession ou nationalité, et pour 0 fr. 75, ou moins si elle le préfère, peut faire un déjeuner substantiel.

F. O. A. 60, rue d'Aboukir.

F. O. B. 35, boulevard des Capucines,

F. O. C. 12, rue de la Victoire.

Dans les trois établissements ci-dessus ouverts à ce jour, les ouvrières trouvent un salon-bibliothèque, une directrice toujours disposée à leur donner des conseils et de temps à autre, notamment à Noël, des réunions de famille attrayantes, présidées par un pasteur.

Le nombre des déjeuners augmente d'année en année ; la moyenne journalière est de 350 environ.

La Fraternelle, secours immédiat de veuvage et d'orphelins. — Siège social : 65, *boulevard de Grenelle*, Paris. Président : M. Valette.

But de la Société :

1° Venir en aide aux familles accablées par le décès du sociétaire ou de son épouse ;

2° Protéger les orphelins de ses sociétaires ;

3° Aider les parents de ses sociétaires décédés célibataires ;

4° Fonder l'orphelinat des Employés de la Ville de Paris.

Les « Bons Jeudis ». — Siège social : 70, *rue de Rivoli*, Paris.

Fondés il y a six ans par M. et Mme Arthur Good, les *Bons Jeudis* ont pour but d'arracher les jeunes garçons de 8 à 13 ans aux dangers de la rue, et de leur offrir gratuitement le jeudi, jour où les écoles sont fermées, des distractions appropriées à leur âge.

Le programme de chaque séance se compose : 1° d'un goûter chaud (tasse de chocolat et petit pain) ; 2° d'une lecture attrayante, et 3° de récréations manuelles, qui constituent la partie la plus originale de ces réunions auxquelles sont invités, à tour de rôle, une centaine d'enfants.

Plusieurs modèles de travaux exécutés aux *Bons Jeudis*

figurent à l'Exposition, et l'on devine combien les jeunes artisans doivent être fiers, la séance terminée, de rapporter dans leurs modestes logis les objets confectionnés par eux.

Les Midinettes. Restaurants coopératifs pour ouvrières. — Siège social : 98, *boulevard de Sébastopol*, Paris.

L'article 8 du décret du 10 mars 1894 interdit aux industriels de laisser leurs ouvriers et ouvrières prendre leurs repas dans l'atelier.

Cette mesure, dictée par l'hygiène, ne peut qu'être approuvée, mais il faut reconnaître que ses conséquences immédiates sont fort ennuyeuses pour ceux-là même qu'elle veut protéger.

Les jeunes filles et les femmes surtout, réduites à un salaire insuffisant, ne peuvent songer à aller au restaurant où elles se trouveraient toujours entraînées à faire une dépense relativement forte et qui ruinerait absolument l'équilibre de leur budget déjà si précaire.

D'autre part, il leur est impossible de rentrer chez elles pour préparer leur nourriture, le temps dont elles disposent entre la cessation du travail et sa reprise étant fort limité.

Elles sont donc obligées de manger dehors sur les bancs des boulevards ou des squares, exposées à toutes les intempéries. Dans de telles conditions, leur santé se trouve bientôt atteinte, et la misère physiologique, et souvent morale, vient rendre leur pauvreté plus insupportable. Il y a là une situation digne du plus grand intérêt, et il a semblé à un certain nombre de personnes que le moyen le plus pratique et le plus immédiatement réalisable pour y remédier, était l'organisation d'un restaurant coopératif, à l'usage des ouvrières parisiennes, où le bon marché des aliments ne serait pas obtenu au détriment de la qualité et où elles pourraient jouir aussi d'un aussi parfait confortable que possible.

La Ligue Fraternelle des Enfants de France. — Siège social : 50, *rue Saint-André-des-Arts*, Paris.

La *Ligue Fraternelle des Enfants de France* fut fondée le

8 décembre 1895, au palais de l'Elysée, sous la présidence de Mlle Lucie Félix-Faure, pour liguer les forces de l'enfance et de la jeunesse heureuses contre les misères de l'enfance et de la jeunesse malheureuses.

Elle a comme pupilles un certain nombre d'enfants; elle s'efforce, pour remettre en vigueur le principe de l'éducation familiale et encourager chez les parents le sens de leur responsabilité, de secourir, à leur foyer même, ceux de ses pupilles que les parents sont capables de garder; elle place les autres dans diverses œuvres et institutions, avec lesquelles la *Ligue*, sorte d'office central de ce qui intéresse l'enfance, est en rapports constants.

Elle a en province un certain nombre de comités locaux. A Paris, elle possède un vestiaire, un dispensaire, où les jeunes Ligueuses s'exercent, sous la direction de médecins et de chirurgiens éminents, à soigner les enfants malades. Enfin elle crée, pour ses pupilles, des colonies de vacances, qui chaque année vont se développant et se multipliant.

La *Ligue* a environ 14.000 membres.

Ligue de Protection de l'Enfance. — Siège social : 122, *rue de la Louvière*, Lille (Nord). Président : M. EVRARD.

Cette *Ligue* a pour but d'encourager l'allaitement maternel par des récompenses, primes d'allaitement, bons de pain, vêtements, layettes, etc.

Signaler à qui de droit ou recueillir les enfants maltraités ou en danger moral. Organiser des concours scientifiques afin de découvrir et d'enrayer les causes de la mortalité infantile et de la dépopulation de la France.

Déraciner les préjugés qui nuisent à la santé de l'Enfance, assurer à l'adolescence hygiène et protection.

Propager et encourager les œuvres d'hygiène sociale, lutte contre la tuberculose contre l'alcoolisme. Habitations à bon marché. En un mot, venir en aide par tous les moyens à la Maternité, l'Enfance, la Misère.

La Maison maternelle. — Siège social : 40, *rue Manin*, Paris.

La *Maison maternelle*, fondée par Mme Louise Koppe le 20 novembre 1891, sous le patronage de M. Léon Bourgeois, a pour but de soustraire à la misère les enfants des travailleurs qui, par suite de maladie ou de chômage, se trouvent momentanément dans la gêne.

Cent vingt enfants sont abrités, nourris et entretenus gratuitement. De juin à fin septembre, ils vont pendant un mois par groupe de cinquante s'ébattre dans les collines du Perche (Eure-et-Loir).

À Paris, grâce à des dons en nature, le prix de revient de l'enfant, tous frais compris, est de 70 centimes par jour. A la campagne où nous n'avons pas ce même avantage, l'enfant revient à 1 fr. 45, voyage compris. Chaque année une moyenne de 42.500 journées sont données gratuitement pour une somme totale de 35.500 francs.

Ce budget provient de subventions et de cotisations.

Œuvre de l'Arbre de Noël, fondée à Lille en 1890. — Siège social :
111, *rue Nationale*, Lille (Nord).

Elle a pour but :

1° D'offrir, principalement à l'entrée de l'hiver, à l'occasion de la fête de Noël, aux enfants pauvres de toutes les écoles d'enseignement primaire de Lille, sans distinction de religion ou de nationalité, et aux enfants des hôpitaux, hospices et orphelinats, des vêtements, des jouets et des coquilles (gâteau de Noël);

2° De s'efforcer, dans la mesure de ses moyens, de venir en aide aux familles nécessiteuses ;

3° De contribuer au soulagement de tous les malheureux.

Le Comité, depuis quinze ans, sans subvention ni cotisation, a poursuivi son Œuvre avec persévérance, si bien que le nombre des enfants favorisés peut atteindre le chiffre énorme de 10.000 en une seule année. Depuis la fondation, l'œuvre a secouru 96.000 enfants.

Le Comité de l'*Arbre de Noël* a porté aussi son initiative vers le soulagement de tous les malheureux. Dès qu'une misère surgit il s'efforce de l'atténuer.

Dans ces dernières années, il a versé 2.000 francs pour les tuberculeux ; il a pris l'initiative et dirigé à Lille les généreux mouvements de solidarité française ou étrangère.

Œuvre du joyeux Noël des petits déshérités. Fondée, en 1898, par Mme Louis GRANDEAU. — Siège social : 4, *avenue de la Bourdonnais*, Paris.

Dirigée par un Comité de Dames que préside la fondatrice, avec l'assistance d'un Comité de Dames messagères. — Elle a pour but :

1° D'offrir un jouet neuf, le jour de Noël, aux enfants des hôpitaux, des hospices, des asiles, des écoles et des patronages ;

2° De vêtir les petits convalescents à leur sortie de l'hôpital.

Pour remplir ce dernier but, l'Œuvre a installé un vestiaire spécial à l'hôpital des Enfants-Malades, à l'hôpital Trousseau, à l'hôpital Bretonneau et à l'hôpital Hérold,

Le jour de Noël 1902, l'Œuvre a distribué des jouets à plus de 9.000 enfants.

Les souscriptions qu'elle a reçues pour en distribuer d'autres à la Noël de 1903 (souscriptions auxquelles s'ajoutent beaucoup de dons en nature) s'élevaient à 4.959 francs.

Orphelinat des Arts. — Siège social : 11, *rue Dufrénoy*, Paris. Fondatrice : Marie LAURENT. Présidente : Mme POILPOT.

L'*Orphelinat des Arts* a été fondé en 1880 pour élever et instruire les orphelines d'artistes, à quelque branche de l'art qu'ils puissent appartenir : peintres, sculpteurs, hommes de lettres, compositeurs, architectes, graveurs, artistes lyriques, dramatiques, etc... L'Œuvre est administrée par un comité de dames artistes et femmes d'artistes.

Les enfants sont reçues sans distinction de religion à partir de l'âge de quatre ans et élevées jusqu'à dix-huit. Aucune rétribution n'est demandée aux familles pour l'entrée de la pupille ni durant son séjour à l'*Orphelinat*. L'enfant reçoit une instruction prolongée selon ses aptitudes jusqu'au certificat d'études ou jusqu'au brevet élémentaire — et selon ses aptitudes aussi une éducation professionnelle — le plus généralement commerciale. La comptabilité, la sténographie, la dactylographie, l'anglais, la couture, le dessin sont enseignés.

A sa sortie de l'*Orphelinat* la jeune fille est placée par les soins du Comité qui la suit des yeux dans la vie et lui continue sa protection chaque fois qu'elle en a besoin. Elle est munie d'un trousseau et d'un livret de caisse d'épargne gagné par sa conduite et ses progrès, et constitué par les libéralités des membres du Comité et des bienfaiteurs de l'Œuvre.

L'Œuvre n'a pour fonctionner que quelques subventions (Artistes français, Conseil municipal, ministère de l'Intérieur), la cotisation des souscripteurs et le produit des ventes, fêtes, concerts et quêtes, provoqués par le dévouement infatigable des Dames du Comité.

Orphelinat de la Coopération de Production. — Siège social : 98, *boulevard de Sébastopol*, Paris. Directeur : M. FAVARON.

Cette Société est une union formée entre les associations ouvrières de production appartenant à la fédération dite Chambre consultative, ayant pour but, par l'assurance mutuelle, de secourir, protéger, et, au besoin, recueillir les orphelins de père et de mère, de père ou de mère, du personnel employé dans les entreprises industrielles coopératives.

L'*Orphelinat* laisse ses pupilles dans le milieu où ils ont vécu ; à défaut des parents, il les confie à des camarades d'atelier du père ou de la mère disparu.

Lorsqu'il y a nécessité, les pupilles sont placés dans un établissement, ils restent néanmoins sous la surveillance de l'*Orphelinat*.

Les secours consistent en allocations en argent, dont le montant, variable suivant la situation de la famille, est remis par l'intermédiaire de l'association présentatrice.

Cette association désigne, en outre, un tuteur pour s'occuper des enfants adoptés et veiller au bon emploi des allocations.

Un médecin visite périodiquement les pupilles à domicile.

Les pensions sont payées jusqu'à ce que les enfants aient atteint leur quinzième année.

Au delà de la quinzième année, l'*Orphelinat* continue à ses pupilles ses conseils et son appui pour leur faciliter l'exercice d'une profession.

En dehors des allocations statutaires, il est accordé des secours extraordinaires aux enfants particulièrement dignes d'intérêt, pour des cas analogues à ceux des orphelins.

Orphelinat de la Bijouterie, Joaillerie, Horlogerie, Orfèvrerie. Reconnu d'utilité publique. Siège social : 2 *bis, rue de la Jussienne,* Paris.

L'*Orphelinat de la Bijouterie, Joaillerie, Horlogerie, Orfèvrerie* et des Industries qui s'y rattachent a été fondé en 1869.

La Société a pour but de venir en aide aux enfants de ses membres titulaires, lorsqu'ils sont privés de leurs soutiens naturels.

Elle subvient à leurs besoins, leur fait donner l'instruction primaire, les met en apprentissage, exerce sur eux une surveillance active et leur assure sa protection jusqu'à la fin de l'engagement, tout en les laissant dans leurs familles.

A partir de ce moment, elle leur continue ses conseils et son appui moral.

Elle possède à la Villetertre (Oise) un immeuble où elle envoie ses pupilles pendant les mois de vacances.

Orphelinat des Chemins de fer français. Fondé en 1891, reconnu d'utilité publique. — Siège social : 5, *rue de Lancry,* Paris, X[e] arr.

L'association a pour but de venir en aide aux orphelins de père et de mère, de père ou de mère, de ses sociétaires ou de leur conjoint décédés.

Son fonctionnement est essentiellement basé sur l'application du système familial; lorsque aucun parent ne peut recueillir les enfants, c'est leur tuteur légal qui désigne l'établissement dans lequel ils devront être élevés.

Dans tous les cas l'*Orphelinat* se réserve le droit de faire visiter ses pupilles par des délégués, pour s'assurer qu'ils reçoivent les soins, l'instruction et l'éducation désirables.

L'assistance de l'Œuvre consiste en allocations en argent qui sont payées aux père, mère ou tuteur des enfants.

Œuvre de l'Orphelinat de l'Enseignement primaire de France et des Colonies. Reconnue d'utilité publique. — Siège social : 28, *rue Serpente*, Paris.

En 1885, quelques hommes de bonne volonté, émus de la grande mortalité qui atteignait, au cours de leurs fonctions, les membres de l'Enseignement primaire public, ont fondé une Association mutuelle destinée à soulager, dans la mesure du possible, les infortunes malheureuses si nombreuses et si cruelles que l'État est dans l'impossibilité d'y porter un remède efficace.

Ils ont fondé l'*Œuvre de l'Orphelinat de l'Enseignement primaire*, qui a été reconnue d'utilité publique par décret du 5 septembre 1890 et qui donne à tous les instituteurs adhérents la certitude que, s'ils succombent à la tâche avant d'avoir élevé leurs propres enfants, ceux-ci retrouveront, du moins, grâce à la solidarité professionnelle, la sollicitude et la protection d'une nouvelle famille.

L'Œuvre est dirigée par un Comité central de 40 membres, élu en assemblée générale et présidé depuis 1886 par M. Alfred Mézières, sénateur, membre de l'Académie française.

Il existe dans les départements 115 comités locaux dont les présidents et les trésoriers sont en communication constante avec l'administration centrale dont le siège est à Paris.

Œuvre de la Chaussée du Maine. Fondée en 1871 par Mme DE PRESSENSÉ, reconnue d'utilité publique.

1° Œuvre de secours : 10, rue Vigée-Lebrun; Présidente : Mme de LACROIX.

Dispensaire : consultations des Drs RIST et ZUBER.

École maternelle. École du jeudi. Réunions populaires. Conférences anti-alcooliques. Réunion de couture pour les femmes. Société du trousseau pour les jeunes filles. Patronage pour les jeunes femmes et les jeunes filles. Sociétés d'épargne et de prévoyance. Caisse des loyers.

2° Assistance par le travail, 11, rue du Val-de-Grâce, Paris-V⁰.

Présidente : Mme Adolphe PUAUX.

Directrice : Mlle SIGWART.

Vente permanente de linge de maison, de vêtements de bienfaisance. Trousseaux et layettes sur commande.

La Directrice prend les commandes à domicile le matin.

Elle reçoit au siège de l'Œuvre toutes les après-midi.

Les ouvrières nouvelles sont reçues le samedi matin de 9 heures à 11 heures, 11, rue du Val-de-Grâce, sur la recommandation écrite d'une adhérente de l'Œuvre.

Est adhérente toute personne ayant fait des achats suivis à l'ouvroir.

3° Asile temporaire pour les enfants dont les mères sont malades chez elles ou à l'hôpital, 88, rue de Gergovie, Paris-XIV⁰.

Présidente : Mme Jules SIEGFRIED.

Directrice : Mme MARNAC, à l'Asile.

Les enfants sont admis sans distinction de religion ; les garçons de 6 mois à 6 ans, et les filles de 6 mois à 14 ans.

L'entretien d'un lit annuel s'élève à 300 francs.

On peut également souscrire pour un demi-lit 150 francs, et pour un quart de lit, 75 francs.

Les souscripteurs d'un lit entier (300 francs) peuvent faire admettre un enfant gratuitement.

4° Colonies de vacances, fondées en 1882, 11, avenue de l'Observatoire.

Présidente : Mme FRANCK-PUAUX.

Directrice : Mlle Alice DELASSAUX.

L'œuvre des *Colonies de Vacances* a pour but d'envoyer des petits Parisiens pauvres à la campagne et à la mer.

Les enfants sont admis sans aucune distinction de religion.

L'âge pour l'admission varie de 5 à 15 ans.

Le prix des séjours à la campagne est de 35 francs par mois, voyage compris pour les enfants au-dessous de 12 ans, de 40 francs au-dessus de cet âge, et de 60 francs à la mer.

Pendant l'année 1904, l'Œuvre a envoyé 1.995 enfants à la campagne et à la mer.

Œuvre des Enfants abandonnés ou délaissés de la Gironde.

Reconnue d'utilité publique. — Secrétariat général : 34, *Allées Damour*, Bordeaux.

L'Œuvre fondée par des magistrats du Tribunal de Bordeaux, recueille et élève gratuitement :

1° Les enfants moralement abandonnés, fils ou filles de parents indignes, petits mendiants, voleurs, vagabonds, etc... ;

2° Les enfants dont les tribunaux lui confient la garde en vertu de la loi de 1898 ;

Et, moyennant pension :

3° Des enfants difficiles dont les parents lui confient l'éducation ;

4° Des pupilles indisciplinés de l'Assistance publique des départements.

Les filles et les tout jeunes garçons sont placés en Dordogne, dans les familles, sous la surveillance d'une déléguée.

Les autres sont élevés dans les établissements de l'Œuvre.

La Colonie enfantine Alfred Lecocq, à Léognan, reçoit les enfants de 8 à 13 ans.

Les enfants vont en classe : pas de travaux manuels.

La Colonie agricole de Saint-Louis (Villenave-d'Ornon) qui reçoit les garçons de 13 à 21 ans.

Le domaine comprend 80 hectares de terres cultivées par les pupilles, une école de jardinage, un jardin d'essai colonial.

Ateliers de menuiserie, de serrurerie, de tonnellerie et de boulangerie.

La discipline est un peu militaire, mais on s'applique, avant tout, à faire aimer l'établissement par l'enfant.

Œuvre des Malades et des Jeunes Enfants pauvres de Levallois-Perret.

— Siège social : 19, *rue Lannois*, Paris. Présidente : Mme Aubry.

Cette Société a pour but :

1° De secourir à domicile les malades pauvres, de toute nationalité et de toute religion;

2° De venir en aide aux familles nécessiteuses au moment de la naissance d'un nouvel enfant.

Œuvre des Orphelins de la Préfecture de police.

L'*Œuvre des Orphelins* a été fondée par M. Lépine, Préfet de police, le 1ᵉʳ avril 1901.

Elle est administrée par un Conseil d'administration de 24 membres pris dans les différents services de la Préfecture de police.

L'Œuvre a pour but d'assurer une assistance matérielle et morale aux enfants des fonctionnaires, employés et agents de la Préfecture de police que la mort de leur père prive de leur principal soutien. La garde de l'enfant et son éducation sont laissées à sa famille.

Chaque orphelin désigné par le Conseil d'administration reçoit une pension annuelle de 100 francs jusqu'à l'âge de 18 ans, et il bénéficie d'autres allocations (secours immédiats au moment du décès, secours pour frais de maladie, bons de vêtements, livrets de Caisse d'épargne, etc.).

Il est désigné à chaque orphelin un tuteur administratif, choisi parmi les camarades du père décédé. Le tuteur est chargé de visiter tous les mois l'orphelin et de surveiller l'éducation et l'instruction qu'il reçoit. Tous les trois mois, il adresse au Conseil d'administration une notice, détachée d'un carnet de Patronage, dans laquelle il indique l'état de santé de l'enfant, les progrès qu'il fait, les aptitudes qu'il montre, et, s'il y a lieu, l'aide complémentaire qui devrait être donnée à la famille.

Œuvre des Petites Filles Abandonnées. Fondée en 1877, par Mlle Adèle DES COURSIÈRES, à Paris-Passy. — Siège social : 17, *rue du Chemin-de-Fer*, à Courbevoie (Seine).

Fondée en 1877, l'*Œuvre des Petites Filles Abandonnées* a pour but de recueillir afin de les soustraire aux maisons correctionnelles, les petites abandonnées; de leur offrir un asile où elles sont logées, vêtues et nourries gratuitement jusqu'à l'âge de 21 ans ; elles y sont reçues dès l'âge de 3 ans. Leur nombre qui est aujourd'hui de 40 serait plus élevé si les ressources dont l'Œuvre dispose le permettaient.

Ouverte à tous, sans distinction de religion, cette Œuvre est digne de toutes les sympathies. Jusqu'en 1877, année de sa fondation, aucun asile ne recueillait les petites filles abandonnées ; et cependant ces pauvres petites créatures se comptent par milliers, leur sort est navrant. Dès l'âge le plus tendre, par le seul fait de leur abandon, elles tombent sous le coup de la loi. De faute, elles n'en ont point commise. Il suffit qu'elles appartiennent, les pauvres petites, à des parents dénaturés, qui les ont délaissées, ou que la mort leur ait enlevé père et mère. Alors, dénuées de tout, sans pain, sans abri, sans protection, ces pauvres petites, considérées comme vagabondes, sont enfermées jusqu'à leur majorité dans des maisons de correction où elles vivent dans une promiscuité déplorable et dangereuse.

Un pareil état de choses remplit le cœur d'une profonde tristesse... le détruire, ravir ces petites abandonnées, ces fillettes, à l'ignorance, à la misère, au vice, les recevoir dans une maison amie où elles sont chrétiennement élevées, leur donner l'instruction qui convient à leur aptitude, ainsi qu'une profession sérieuse qui leur permettra de gagner honnêtement leur vie, les rendre à la société capables d'être des épouses dévouées, de sages mères de familles. Tel est le noble but que se propose l'*Œuvre des Petites Filles Abandonnées*.

Œuvre Populaire protectrice des enfants du premier âge.

Siège social : 23 *bis*, *rue des Messageries*, Paris, X⁰ arr.

Elle a pour but de surveiller l'Enfance en nourrice ;

D'assurer aux mères obligées de recourir pour leurs enfants à l'allaitement nourricier, la sécurité la plus complète ;

De substituer aux agences et bureaux de nourrices, tels qu'ils existent aujourd'hui, d'autres institutions différemment conçues et sérieusement organisées ;

De garantir aux enfants un allaitement nourricier et parfaitement rationnel, absolument sain et hygiénique et de les protéger en même temps contre tous les dangers auxquels ils sont exposés dès leur naissance ;

Faire respecter la loi Roussel, centraliser les infractions qui pourraient être commises, les signaler aux autorités administratives et judiciaires et réclamer, au cas échéant, l'application énergique de la loi ;

Et aussi de stimuler les bonnes nourrices, les récompenser chaque année par des distinctions, livrets de Caisses d'épargne, etc.

Œuvre des Sœurs aveugles de Saint-Paul. — Siège social : 88, *rue Denfert-Rochereau,* Paris.

Cette Œuvre remplit une mission d'utilité sociale bien définie : adoucir l'infortune des victimes de la cécité. Elle se compose de sœurs aveugles ; de sœurs clairvoyantes, en vue de se dévouer au bien des aveugles ; d'enfants aveugles qui sont admises dès l'âge de 4 ans, et qui peuvent y terminer leur vie si elles le désirent. La maison reçoit aussi des personnes qui, ayant perdu la vue à l'âge adulte, ne peuvent plus gagner leur vie.

On apprend aux enfants ce qui est enseigné dans toutes les institutions d'aveugles, et l'on occupe les adultes à des travaux manuels selon leurs aptitudes, tels que brosserie, filet, crochet, etc.

Œuvre du Vestiaire des petits enfants pauvres. — Siège social : 24, *passage Cardinet,* Paris. Présidente : Mme la marquise DE SOUILLAC.

Cette *Œuvre* a pour but de venir en aide aux enfants pauvres :

1° En leur donnant des layettes et en les habillant jusqu'à l'âge de sept ans ;

2° En instituant pour eux une consultation médicale périodique, et en leur donnant les remèdes nécessaires ;

3° Elle a également pour but de procurer momentanément de l'ouvrage aux femmes sans travail, en les occupant à la confection ou réfection des layettes, vêtements, etc.

Patronage des Enfants en bas âge de Levallois-Perret. Reconnu d'utilité publique. — Siège social : 64, *rue Gide*, à Levallois-Perret (Seine). Présidente : Mme Octave ALLAIRE.

Le but de la société est de diminuer la mortalité des enfants en bas âge en venant en aide aux familles surchargées d'enfants, aux veuves, aux femmes abandonnées, aux filles mères et aux femmes dont le père des enfants est malade ou soldat.

Pour atteindre le but, 30 Dames patronnesses visitent tous les cinq ou dix jours les familles secourues, et distribuent du lait, de la viande, des vêtements, du charbon et du savon.

Les docteurs adhérents à l'Œuvre donnent leurs soins gratuitement ainsi que des conseils aux mères.

Comme résultat, la mortalité depuis onze ans a été inférieure pour les enfants de 1 jour à 1 an à 4 p. 100 ; 896 enfants ont été sauvés en dix ans.

La Parisienne. Société de secours mutuels entre jeunes ouvriers et employés, fondée en 1875. — Siège social : 25, *rue de Maubeuge*, Paris.

Soins du médecin et médicaments gratuits.

Lit dans la maison de l'Œuvre, dans une maison de santé ou dans une maison de convalescence.

Opérations chirurgicales de toute nature, gratuites.

Indemnité d'un franc par jour pendant deux mois de maladie.

Lit gratuit pendant un mois en cas de chômage.

Maison de famille ouverte les dimanches et fêtes.

Caisse de prêts gratuits.

Caisse d'encouragement à l'épargne. Caisse de retraites.

La Société se compose de membres honoraires et participants. Les membres honoraires versent une cotisation annuelle de 25 francs. Une cotisation annuelle de 50 francs donne le titre de membre donateur.

Une cotisation annuelle de 100 francs donne le titre de membre fondateur.

Patronage de l'Enfance et de l'Adolescence. — Siège social : 13, *rue de l'Ancienne-Comédie*, Paris.

C'est à la fin de juin 1890 que s'est fondée au Palais de Justice l'Association dite *Patronage de l'Enfance et de l'Adolescence*, sous le haut patronage de M. Charles Mazeau, sénateur, alors premier président de la Cour de cassation.

Le *Patronage de l'Enfance et de l'Adolescence* est une œuvre de bienfaisance et de préservation sociale ayant pour objet la protection des enfants en danger moral.

Elle a pour but de maintenir dans la bonne voie ou de ramener au bien les enfants (garçons ou filles) âgés de moins de dix-huit ans et d'au moins huit à dix ans, qui, pour des causes dépendant ou non de la volonté de leurs parents ou tuteurs, se laissent entraîner ou risquent d'être entraînés au vagabondage, au vol et à la débauche.

Le *Patronage de l'Enfance et de l'Adolescence*, de 1890 à 1894, s'est peu à peu organisé et, conformément à son programme, a protégé indistinctement les enfants des deux sexes en danger moral, les recherchant, les défendant en justice, leur évitant l'emprisonnement, les plaçant suivant leur âge, leurs aptitudes leur caractère, soit isolément, soit dans des établissements. Le nombre des garçons à protéger s'étant multiplié, le Patronage se vit bientôt dans la nécessité d'ouvrir à Paris un Asile assez vaste pour que tous les jeunes garçons sans asile et sans pain puissent être recueillis provisoirement et mis en observation avant d'être placés définitivement. Cet asile fut ouvert en janvier 1894 dans une vaste boutique prêtée par Mme Thénard, 13, rue de l'Ancienne-Comédie. Telle fut l'origine de la *Maison de Travail*.

L'Œuvre n'est inféodée à aucun parti politique et a, dès le début, compté concurremment parmi ses sociétaires : S. Em. le Cardinal Richard, M. le Grand-Rabbin Zadoc-Kahn et M. le Pasteur Vernes.

La revue mensuelle, *l'Enfant*, qui sert d'organe gratuit aux Sociétés protectrices de l'Enfance, publie fréquemment un compte rendu des travaux du *Patronage de l'Enfance* et de sa situation financière.

La **Maison de Travail** reçoit, 13, rue de l'Ancienne-Comédie, tous les garçons de 12 à 18 ans, qui déclarent être sans asile et sans pain.

Quels que soient leur culte et leur nationalité, qu'ils aient ou non des papiers d'identité, ces jeunes gens sont acceptés immédiatement : leurs déclarations ne sont contrôlées qu'après leur admission.

La *Maison* leur offre un travail des plus simples (confection d'étiquettes pour Compagnies de chemins de fer, écritures, courses, etc.) et ne leur impose jamais plus de huit heures de travail par jour. Les garçons âgés de moins de 13 ans vont en classe.

En échange de ce travail, la *Maison* nourrit et loge ses jeunes hôtes.

La durée de séjour dans la *Maison* n'est pas limitée. Son devoir n'est accompli que lorsqu'elle a placé convenablement ses protégés suivant leur caractère et leurs aptitudes. L'Œuvre s'efforce de placer le plus grand nombre à la campagne.

Elle espère réussir à trouver de généreux protecteurs qui assureront son existence, car la *Maison de Travail* est une Institution nécessaire à Paris.

A ceux qui n'envisagent que l'intérêt social, il est aisé de prouver qu'un jeune garçon sans asile et sans pain peut être arrêté comme vagabond ; qu'une condamnation pour vagabondage, si légère fût-elle, flétrit, perd un individu et l'entraîne soit au suicide, soit au crime, que, par conséquent, une institution qui recueille de suite et relève les jeunes garçons de 12 à 18 ans accidentellement malheureux, supprime une école de malfaiteurs.

A ceux qui ont de plus hautes pensées, il suffit de signaler la douceur qu'offre la tâche d'éclairer, de ramener au bien, de pauvres âmes d'enfants à qui l'affection et l'éducation ont pour la plupart du temps manqué, et qui n'attendent que l'une et l'autre pour s'épanouir.

Le Patronage familial. — Siège social : 14, *place Dauphine*, Paris.
Président : M. ALBANEL, juge d'instruction.

Le *Patronage familial*, fondé en février 1900 par un groupe de magistrats et d'avocats, a pour but d'assurer la tutelle morale, dans la famille même, des enfants en danger moral.

Il vient en aide aux familles honorables qui, spécialement par suite des conditions économiques, n'ont pas le temps d'assurer efficacement la surveillance et l'éducation de ceux de leurs enfants qui commenceraient à se mal conduire.

Le *Patronage familial* est une œuvre de préservation purement laïque; il s'efforce, par la surveillance de ses tuteurs moraux, ou par des placements appropriés, d'éviter les mesures répressives telles que l'envoi en correction.

Patronage et Œuvres charitables et ouvrières de Saint-Joseph-de la Maison-Blanche. — Siège social : 54, *rue Bobillot*, Paris.

Commencée en 1886 de la façon la plus modeste, l'Œuvre devait à son origine et dans la pensée de son fondateur n'être qu'un patronage.

Son but était : de conserver vertueux et chrétiens en les arrachant à la rue le dimanche et le jeudi, les enfants des écoles laïques, de leur procurer des jeux et des amis honnêtes; de les placer et de les surveiller en apprentissage.

En janvier 1888, un hangar situé avenue d'Italie, 50, fut le premier local, bientôt trop exigu du patronage.

En janvier 1889, une modeste salle en charpente et en carreaux de plâtre, construite sur un vaste terrain vague, au milieu des remblais et des marécages de la Glacière devint le siège définitif de l'Œuvre qui ne cesse de s'accroître et de progresser en s'efforçant par tous les moyens possibles de faire du bien.

Les *Œuvres charitables et ouvrières du patronage Saint-Joseph* ont été fondées et sont faites en partie avec la collaboration active des jeunes écoliers, apprentis et ouvriers du patronage pour lesquels elles sont une sorte d'école pratique de solidarité et de charité.

Ces Œuvres sont :

L'*Œuvre de la Mie de pain* dont ils font toutes les corvées après leur journée d'école ou d'un travail souvent pénible, servant les pauvres avec respect et sollicitude.

Les *Petites conférences* Saint-Joseph et Saint-Paulin sont également des conférences d'écoliers, d'apprentis et de jeunes ouvriers qui visitent et secourent à domicile environ 40 familles de pauvres vieillards.

Le *Secrétariat des pauvres* est également fait par les jeunes ouvriers du patronage.

La *Sainte Famille*, composée de 250 vieillards environ, a ses réunions, conférences, distributions et sa bibliothèque dans les locaux du patronage.

Société d'apprentissage de Jeunes Orphelins. Fondée en 1822.

Reconnue d'utilité publique. — Administration : 10, *rue du Port-Royal*, Paris.

Fondée en 1822, cette Société adopte, sans distinction de nationalité ni de culte, moyennant un droit d'entrée de 75 francs seulement, les orphelins ou enfants abandonnés qu'elle place chez des maîtres d'apprentissage où ils sont logés, nourris et apprennent un métier. Pendant la durée de leur apprentissage, ils sont entretenus d'effets d'habillement, et reçoivent tous les soins nécessaires en cas de maladie.

Les enfants sont patronnés spécialement par des membres de la Société, ils sont réunis le dimanche à l'Agence-École où ils trouvent leçons, livres et jeux, sans préjudice de la promenade hygiénique. Les plus méritants reçoivent des prix en argent, sous forme de livrets de Caisse d'épargne, qui permettent à un grand nombre d'avoir, en fin d'apprentissage, un pécule de plusieurs centaines de francs.

Société pour l'instruction et la protection des Enfants sourds-muets ou arriérés. — Siège social : 28, *rue Serpente*, Paris. Président : M. Emile GROSSELIN.

La Société, fondée en 1866 par Augustin Grosselin, a pour

objet de faire que les enfants sourds-muets qui n'ont pu entrer dans les institutions spéciales, puissent suivre les classes des écoles maternelles et primaires par l'application de la Phono-mimie. Cette méthode permet aux instituteurs de leur apprendre, simultanément avec les entendants-parlants, la lecture et de les initier au langage usuel et aux notions élémentaires les plus indispensables.

Elle étend son action aux enfants arriérés, fournit gratuitement aux instituteurs les publications qui leur facilitent l'instruction de ces deux catégories d'enfants et leur décerne des récompenses honorifiques comme témoignage du dévouement apporté par eux dans l'accomplissement de cette tâche. Elle recueille, dans la mesure de ses ressources, les jeunes infirmes devenus orphelins, et continue, après leur sortie de l'école, son patronage à ceux qu'elle a aidé à s'instruire.

Société d'Assistance aux orphelins du personnel de l'Imprimerie nationale. — Siège social : 87, *rue Vieille-du-Temple*, Paris. Présidente : Mme CHRISTIAN.

Cette Société a pour but de venir matériellement et moralement en aide, jusqu'à l'âge de treize ans, aux enfants orphelins : 1° de père ; 2° à la fois de père et de mère ; 3° de mère seulement, si celle-ci se trouve seule à protéger son enfant.

Fondée en 1894, la Société compte aujourd'hui 929 membres titulaires, 65 membres donateurs, 158 membres honoraires.

Œuvre d'initiative et de solidarité ouvrières, elle s'est attiré de hautes et puissantes sympathies.

La Société prend annuellement à sa charge plus de 40 orphelins, qu'elle secourt à domicile, place en pension, dont elle surveille l'éducation et au besoin prépare l'avenir.

Société de Secours et d'hospitalisation pour les orphelins des ouvriers et employés des chemins de fer français. — Siège social : 56, *boulevard Richard-Lenoir*, Paris. Président : M. ROBERT.

Cette société a pour but de recueillir, protéger, secourir et instruire les orphelins, garçons et filles, des agents des chemins de fer français.

La Corsetière. (*Société de Secours mutuels et Caisse de retraite pour les employés et ouvriers des deux sexes se rattachant à l'industrie du corset dans toute la France*). — Siège social : **163**, *rue Saint-Honoré*, Paris.

La Société *La Corsetière*, fondée en décembre 1902 par les chefs des principales Maisons de Corsets et Fournitures, et grâce à l'appui des deux Chambres Syndicales, compte depuis sa fondation plus de 1.300 admissions.

Les Services médical et pharmaceutique, établis à Paris, dans la banlieue parisienne, à Caen, Clermont, Orléans, La Ferté-sous-Jouarre, Saâcy et Rambouillet, sont assurés par :

55 médecins, 28 sages-femmes, 70 pharmaciens.

En outre, les Sociétaires bénéficient d'une réduction sensible des prix dans 18 Établissements de bains parisiens et chez plusieurs dentistes.

Le bilan de l'année clos au 31 décembre 1903 accusait un excédent de recettes qui nous a permis, conformément aux statuts, de créer au profit de chaque Sociétaire un livret de Retraites de la Caisse Nationale pour la vieillesse et d'y verser une somme de 12 francs pour une année de présence.

Un service de placement gratuit existe pour les Sociétaires.

Œuvre de l'Orphelinat des Sous-Agents des Postes et des Télégraphes. Fondée en 1889. — Siège social : 48, *boulevard du Temple*, Paris.

Le but de l'Œuvre est de recueillir après le décès de ses membres participants, les enfants de ces derniers, les élever et leur donner une éducation en rapport avec leurs aptitudes. Les pupilles de l'*Orphelinat* sont divisés en trois catégories : 1° orphelins de père et de mère, touchant une indemnité de 25 francs par mois et par enfant ; 2° orphelins de père, recevant une indemnité de 20 francs par mois, et 3° les orphelins de mère, touchant 10 francs par mois.

Les pupilles de l'Œuvre des trois catégories sont secourus jusqu'à l'âge de 15 ans révolus. L'Œuvre exerce une surveillance morale sur ces derniers jusqu'à 18 ans. La cotisation des participants est de 6 francs par an.

Société de l'Orphelinat de la Seine. Reconnue d'utilité publique. — Siège social : 28, *rue Saint-Lazare*, Paris. Président : Dr Albert MATHIEU.

Cette Société a été : Fondée en 1871 pour recueillir les orphelins, sans distinction de culte et d'opinion politique, afin de leur assurer l'éducation, l'instruction et l'apprentissage d'une profession ;

Présidée dès l'origine et durant treize ans par Henry MARTIN, l'historien national, qui a ainsi défini son but :

« Notre principe est l'appel à tous et la réception de tous les orphelins, aidez-nous à les réunir dans cet asile de fraternité » ;

Subventionnée par les ministères de l'Instruction publique, de l'Intérieur, la Ville de Paris et dix communes du département de la Seine.

Elle a reçu depuis sa fondation 736 enfants des deux sexes, dont 155 sont actuellement à sa charge et dont les autres sont devenus : industriels, contremaîtres, sous-officiers dans l'armée, bijoutiers, tourneurs sur cuivre, graveurs-ciseleurs, institutrices, brodeuses, fleuristes, etc. Presque sans exception, tous ont réussi.

Ses pupilles, d'abord répartis entre plusieurs garderies, sont groupés depuis 1887 dans une grande propriété qu'elle a acquise à Saint-Maur, où ils suivent les écoles publiques jusqu'à l'époque de l'apprentissage.

Depuis trente-cinq ans, et de plus en plus, elle réalise son idée initiale d'être une œuvre de fraternité, de préservation et de relèvement.

Ainsi organisée et soutenue par une confiance croissante, elle voit ses besoins grandir chaque jour.

Société des Voyages Mimi-Pinson. Groupement d'épargne. Siège social : 8, *rue de la Chaussée-d'Antin*, Paris.

La *Société des Voyages Mimi-Pinson* a pour but de permettre aux ouvrières parisiennes d'effectuer le dimanche, pendant la belle saison, des voyages, soit aux bords de la mer, soit vers les sites les plus pittoresques de la France, dans des conditions tout à fait exceptionnelles, en constituant par l'épargne la somme nécessaire pour y participer.

Toutes les ouvrières parisiennes peuvent faire partie de la Société en versant seulement 1 franc contre remise du carnet d'épargne et de l'insigne de l'Œuvre.

Les versements d'épargne s'effectuent à raison de 50 centimes à 3 francs, maximum, par semaine ; ils sont facultatifs et les sommes versées sont toujours la propriété des sociétaires adhérents.

Union française pour le sauvetage de l'enfance. — Reconnue d'utilité publique. — Siège social : 108, *rue de Richelieu*, Paris.

L'Union française pour le sauvetage de l'enfance, fondée en 1888, a pour but de recueillir ou de signaler à qui de droit les enfants âgés de moins de 13 ans qui sont maltraités ou en danger moral.

Les enfants recueillis, après avoir passé par un asile temporaire où ils sont l'objet d'un examen spécial au double point de vue de la santé et du caractère, sont placés, aux frais de l'Œuvre, et sous sa surveillance directe, de préférence dans des familles à la campagne. Ils fréquentent très régulièrement l'école jusqu'à treize, et même quatorze ans, puis sont mis en apprentissage et demeurent sous la direction de la Société jusqu'à leur majorité.

Depuis sa fondation, l'*Union française* a recueilli et élevé 1.600 enfants. Elle en a actuellement 870 à sa charge.

Union Internationale des Amies de la Jeune Fille. Comité parisien. — Présidente : Mme A. Fisch ; présidente honoraire : Mlle S. Monod ; présidente du Comité auxiliaire : Mme Jules Siegfried.

I. *Bureau central international :* Neuchâtel (Suisse).

II. *Branche nationale française :* 1.300 membres, siège du Comité : Lyon-Marseille.

III. *Section parisienne :* 200 membres séparés en groupes d'arrondissements.

Branches d'activité de l'œuvre parisienne : Œuvre des gares (1). Bureau de placement. Maison hospitalière. Œuvre du Vésinet.

IV. *Publications* faites par l'Union : *La Femme*, organe de la branche française, *Le Bien public* de l'*Union Internationale*.

CHAPITRE III

ŒUVRES POST-SCOLAIRES — APPPENTISSAGE — ENSEIGNEMENT PROFESSIONNEL

Association pour le placement en apprentissage et le patronage d'orphelins des deux sexes. —Fondée le 6 décembre 1829. Reconnue d'utilité publique. — Siège social : *rue Ferdinand-Duval*, Paris. Président : M° J. MÉNARD, avocat.

But et organisation de l'Association. — L'Association a pour but de procurer aux Orphelins et aux Orphelines pauvres : 1° l'apprentissage d'un état d'après leur choix et leurs facultés ; 2° une instruction appropriée à leur intelligence et conformément à la loi du 2 novembre 1892 sur le travail des enfants et des filles mineures employés dans l'industrie.

Elle patronne et prend sous sa direction les enfants âgés de 13 à 14 ans 1/2, les garde jusqu'à la fin de leur apprentissage et ce, sans distinction de culte ou de nation. Les enfants ainsi recueillis par elle sont :

1° Les enfants pauvres des deux sexes qui ont perdu leur père ou leur mère ou les deux; ceux dont le père est inconnu,

(1) Toute jeune fille isolée reçoit un livret contenant tous les renseignements qui peuvent lui être nécessaires en tout pays.

ou les a délaissés depuis longtemps, ou pourrait les corrompre par son exemple, ou serait dans l'impossibilité de les élever ; 2° les enfants dont le père est sous le poids d'une grave condamnation, lorsque la durée de la détention est au moins égale à la durée présumée de l'apprentissage du candidat; 3° les enfants dont le père reconnu incurable serait placé comme tel dans un hospice ou dans une maison d'aliénés, et dont la mère n'existerait plus ou serait dans l'indigence; 4° les enfants dont le père a disparu depuis un certain temps, sans qu'on ait pu se procurer de ses nouvelles, laissant la mère dans l'indigence; ou lorsque la mère elle-même a disparu et que le père est dans l'impossibilité de les élever.

L'Association n'a d'autres ressources que des souscriptions et des dons volontaires, les cotisations de ses Membres honoraires et de ses Membres actifs, les produits d'une vente de charité, d'une loterie et d'un concert annuels, et les secours qui peuvent être accordés par les Pouvoirs publics.

Association des Instituteurs. Société d'éducation et de patronage et Union des œuvres post-scolaires.

Son but, est de compléter l'éducation des enfants sortis des écoles et de leur offrir, pendant l'adolescence, jusqu'à l'entrée au régiment, les distractions saines qui pourront les enlever aux mauvaises influences de la rue; ses cours s'adressent même aux jeunes filles.

Certains groupes sont composés exclusivement de garçons, d'autres exclusivement de filles, d'autres enfin sont mixtes.

L'*Association* est en même temps une association et une fédération. Elle est une asssociation en ce sens qu'elle a un noyau de membres qui lui appartiennent en propre. Elle est aussi fédération, car elle a réuni un certain nombre de Sociétés amicales d'anciens et d'anciennes élèves, auxquels elle offre certains avantages.

Association philotechnique de Saint-Ouen (Seine).

La société d'Enseignement et d'Education professionnelle,

fondée en 1880, est composée de cinquante membres honoraires et de toutes professions, elle est dirigée par un conseil d'administration composé de vingt et un membres ; cette association a pour but de compléter par des cours du soir l'enseignement que les élèves ont reçu dans les écoles municipales ainsi que la préparation aux différents métiers que désirent prendre les jeunes gens et les jeunes filles.

Subventionnée par l'Etat (ministères du Commerce, de l'Instruction publique et des Colonies) ainsi que par la municipalité de la commune.

Chambre syndicale des Entrepreneurs de Menuiserie et Parquets.
M. AUSSEUR, directeur général des Ecoles.

La *Chambre syndicale des Entrepreneurs de Menuiseries et Parquets* de la Ville de Paris et du département de la Seine, Frédéric Jugand, président, a été fondée en 1825.

Quatre écoles gratuites de dessin et de modelage reçoivent environ 200 élèves avec 13 professeurs.

École gratuite d'apprentissage du XVIII° arrondissement.

La fondation de l'*Ecole gratuite d'apprentissage du XVIII° arrondissement* a pour but de remédier au système actuel de l'apprentissage des jeunes filles qui les expose comme chacune sait à tant de dangers matériels et moraux.

L'*Ecole* reçoit gratuitement, sans aucune distinction de culte et de nationalité, toutes les jeunes filles ayant terminé leurs études primaires; elle leur apprend le métier auquel elles se destinent et leur fournit pendant la continuation de leur apprentissage un travail rémunérateur proportionné à leur capacité. Cette rémunération dédommage les familles et leur vaut l'équivalent au moins du salaire que recevraient leurs enfants pour faire des courses ainsi qu'il est d'usage dans ce mode actuel d'apprentissage. Les objets qu'elles fabriquent sont vendus à des personnes s'intéressant à l'Œuvre.

Colonie enfantine scolaire de Franceville-Montfermeil (Seine-et-Oise). — Siège social : 9, *rue de Moussy*, Paris, IVe arr. Directrice : Mme Vve Fortier-Proeschel.

Cette *Colonie*, créée le 18 juillet 1899, a pour but d'améliorer la santé des jeunes colons et de lutter contre l'anémie et la tuberculose par la vie au grand air et la suralimentation.

L'OEuvre se distingue des fondations similaires pas deux conditions spéciales :

1° Elle est principalement destinée aux enfants de 6 à 10 ans ;

2° Elle se scinde en deux saisons : l'Estivale et l'Hivernale.

L'OEuvre est placée sur le terrain neutre de la charité la plus libérale en dehors de tout pacte politique ou religieux.

Refuge des enfants (*voir page* 72).

Ecole professionnelle de la Chambre Syndicale du Papier. — Fondée en 1868. — Reconnue d'utilité publique. — Siège social : 10, *rue de Lancry*, Paris.

Cette OEuvre distribue chaque année, à titre de récompenses et de primes d'encouragement, une somme de 5.000 francs environ, en livrets de la Caisse d'épargne, de la Caisse des Retraites, médailles, boîtes d'outils, livres et objets divers.

L'Ecole comprend trois institutions :

1° Les cours gratuits d'enseignement professionnel ; 2° Les concours de travaux manuels ; 3° L'encouragement au bien.

Programme d'enseignement : 1° Enseignement général : Historique, professionnel, géographie industrielle, notions industrielles, langue française, arithmétique, notions générales de commerce, sténographie, dactylographie ; 2° enseignement du dessin : dessin industriel, dessin géométrique appliqué au cartonnage ; 3° enseignement technique, théorique et pratique : fabrication de registres, couture de registres, doigtage, foliotage, façon de répertoires, etc., fabrication de cartonnages.

Ecole professionnelle protestante de l'Etoile. — Siège social : 52, *avenue de la Grande-Armée*, Paris.

Cette OEuvre, fondée en 1878, a pour but de donner un état

aux jeunes filles, en leur évitant les inconvénients et les dangers de l'apprentissage dans les ateliers. Les jeunes filles peuvent entrer à notre École dès l'âge de cinq ans, et y continuer leurs études primaires tout en recevant l'enseignement professionnel. Elles font ainsi l'apprentissage de couturière, de lingère, de comptable, de dactylo-sténographe; d'autres apprennent le dessin appliqué à l'industrie: quelques-unes se destinent à l'enseignement et sont préparées aux brevets. La rétribution mensuelle est de 12 francs pour le cours élémentaire et de 15 francs pour les autres cours.

Fédération des Patronages des Ecoles de Bordeaux et Œuvre des Colonies et Sanatoriums scolaires. — Siège social : 275, *rue Sainte-Catherine*, Bordeaux. Président: Louis BONNIN.

Ligue protectrice de la Mutualité scolaire(Philanthropie éducative). — Comité central : 10, *rue Beaubadat*, Bordeaux.

Cette *Ligue* a été fondée en décembre 1904, à Bordeaux, par M. Ernest Achap, publiciste.

Son but précis est :

1° De provoquer la création de Sociétés de mutualité scolaire dans toutes les communes de France où il n'en existe pas;

2° D'intervenir fraternellement auprès des familles pour obtenir soit l'entrée des enfants dans la Mutualité scolaire, soit le maintien sur les contrôles des sociétaires qui y sont déjà inscrits;

3° De développer chez l'écolier par des conseils, des livres, des images, etc., l'idée du respect de soi-même et le sentiment de solidarité sociale.

L'Œuvre des Colonies Scolaires de Vacances. Siège social : 6, *rue de Louvois*, Paris. Président : M. L. LEGOY.

L'Œuvre a pour objet : 1° de lutter contre la propagation des maux qui menacent l'enfance — notamment la Tuberculose — en organisant chaque année, pour les enfants des écoles des grandes villes de France, des colonies scolaires de 21 jours, à la campagne, à la montagne, à la mer, selon l'état de santé de chacun d'eux constaté par son Comité médical ; 2° de prendre en charge, pendant ce temps et moyennant rétribution minime, les enfants des familles quelque peu aisées qui ne peuvent cependant, pour diverses raisons, conduire elles-mêmes ceux-ci en vacances. Elle admet aussi, gratuitement, les enfants nécessiteux.

Pour ses débuts, l'Œuvre a envoyé, en 1904, 60 enfants, dans trois colonies : à Bernières (Calvados), à Vic-sur-Aisne et à Morteau (Doubs).

Œuvre mutuelle des Colonies de Vacances (*Section autonome de l'Association des instituteurs*). — Siège social : *Mairie du II*e Paris. Secrétaire : M. PIERSON.

Œuvre parisienne des Colonies maternelles scolaires. — Siège social : *Mairie du IV*e *arrondissement.* Président : M. FABRE, maire du IVe arrondissement.

L'Œuvre, fondée en 1898 par un groupe d'institutrices d'écoles maternelles de la Ville de Paris, a pour but de procurer, aux enfants anémiés et pauvres de ces petites écoles parisiennes, un séjour d'un mois à la campagne.

La colonie, entretenue par l'Œuvre, est située **23**, rue de Brie, à Mandres (Seine-et-Oise), où elle fonctionne du 1er mai au 30 septembre.

L'admission est absolument *gratuite*.

L'Œuvre du Trousseau. — Siège social : *École*, **14**, *rue Riblette*, Paris. Fondatrice : Mme BÉGUIN.

But :

1° Faciliter à l'ouvrière la confection de son trousseau ;

2° Développer et entretenir chez les jeunes filles l'amour du foyer domestique, la prévoyance et le goût du travail à l'aiguille ;

3° Unir dans un même sentiment de bonté et de solidarité les jeunes filles pauvres et leurs compagnes plus aisées.

L'Œuvre comprend deux catégories de membres participants :

1° Des membres scolaires âgés de neuf ans au moins, admis après un concours de couture ;

2° De jeunes filles ouvrières ayant moins de dix-huit ans.

La durée maximum du Sociétariat est de neuf années. Cette durée permet de confectionner un trousseau de 73 pièces.

A ces résultats matériels l'Œuvre ajoute des résultats moraux certains : les séances hebdomadaires, par l'union des efforts et du travail en commun, excitent l'émulation des sociétaires, leur donnent le goût du beau et du bien ; elles développent l'esprit de solidarité et rapprochent les classes sociales.

Société de la Dotation de la Jeunesse de France. — Siège social : **25**, *boulevard de Sébastopol*, Paris. Président : M. le Dr Maire-Améro.

Cette société de prévoyance a pour but d'assurer une dotation aux jeunes filles à leur mariage ou à leur majorité, et aux jeunes gens à leur mariage, à leur majorité, ou à l'expiration de leur service militaire, et ce après un minimum de versement de dix années. Les adhésions sont reçues depuis la naissance jusqu'à la quinzième année.

Un journal mensuel, *La Jeunesse de France*, donne la situation de la société et traite les questions de mutualité.

Une caisse-orphelinat sert à payer les cotisations des sociétaires devenus orphelins.

Un service médical et pharmaceutique est organisé dans presque toutes les sections.

Société de Patronage d'apprentis et de jeunes employés des deux sexes du IXe arrondissement. — Reconnue d'utilité publique. — Président : M. Charles Besnard, adjoint au maire du IXe arrondissement.

ORGANISATION

Garçons : Réunions à l'école communale, rue Milton, 35, tous les dimanches. Escrime, tir, musique instrumentale.

Filles : Réunions à l'école communale, rue Milton, 21, tous

les dimanches. Musique vocale et instrumentale, danse, dessin.

Pour les deux patronages, pendant la belle saison, excursions aux environs de Paris.

Indemnités pour encourager l'apprentissage d'un métier manuel (0 fr. 50 par jour de présence à l'atelier).

Syndicat de l'Aiguille (*Association professionnelle mixte de patronnes, employées et ouvrières en habillement. Métiers similaires et professions connexes*). — Siège social : 35, *rue Boissy-d'Anglas*, Paris.

Fondé le 24 avril 1892, le *Syndicat de l'Aiguille* pendant les années 1892 à 1905 a pu déjà remplir une partie de son programme.

En décidant que les cotisations versées par les associées seraient placées en valeurs, il a posé les premières bases de la constitution du patrimoine corporatif.

Il a fondé une Caisse de Prêts au capital de 10.000 francs.

Il a fondé un Bureau de placement qui est ouvert au siège social, 35, rue Boissy-d'Anglas, tous les matins de 8 heures à 10 heures, de midi à 1 heure et de 7 heures à 9 heures le lundi soir.

Il a fondé une maison de famille pour les associées isolées, 35, rue Boissy-d'Anglas.

Il a fondé un atelier dit de chômage pour aider les syndiquées pendant la morte-saison.

Il a fondé un bureau de contentieux pour les patronnes, les employées et les ouvrières.

Des expositions professionnelles ont lieu sur la décision du Conseil.

Les réunions de l'association ont lieu le dernier dimanche du mois. A 10 heures, réunion générale.

Pour tous renseignements, s'adresser à Mme la Secrétaire générale, 35, rue Boissy-d'Anglas.

Union de la Chambre syndicale des Couturières et assimilées. — Siège social : 127, *rue de l'Université*, Paris. Présidente : Mme Priest.

La *Chambre syndicale des ouvrières couturières* est fondée dans le but de procurer gratuitement de l'ouvrage à ses adhérentes.

L'adhérente, en cas de maladie, touche un secours. Dans le cas où elle est obligée d'entrer à l'hôpital, elle n'a qu'à prévenir le syndicat pour toucher un secours.

On visitera les malades à l'hôpital ou à leur domicile.

Les adhérents qui désirent se marier et qui n'ont pas les fonds nécessaires n'ont qu'à s'adresser au Syndicat qui les leur procurera.

Le Syndicat se chargera, dans quelque temps, de loger les ouvrières et de leur procurer la première nourriture.

CHAPITRE IV

ENSEIGNEMENT MÉNAGER — GROUPEMENTS FAMILIAUX — ASSISTANCE
PAR LE TRAVAIL.

L'Abeille (*Société féminine artistique d'assistance par le travail*). — Siège social : 22, *rue de La Boëtie*, Paris. Présidente : Comtesse Albert Bruneel.

Cette Société a été fondée en octobre 1897.

Elle a pour but de venir en aide aux membres adhérents de l'association en se chargeant de vendre leurs travaux manuels et artistiques, en leur procurant des leçons, ou des situations comme Institutrices, Dames de compagnie ou Gouvernantes, et en général en servant d'intermédiaire entre l'offre et la demande. Ces membres adhérents sont des Dames atteintes par des revers de fortune et obligées de travailler pour gagner leur vie ou subvenir aux besoins des leurs, après avoir connu l'aisance et des jours plus heureux.

Le Comité des Dames Patronnesses leur assure leur protection morale, les assiste dans leur détresse, entre en relations amicales avec elles et les aide dans leurs difficultés.

Tous les arts féminins, tous les genres différents de travaux féminins se trouvent réunis à l'*Abeille*; pour le côté artistique, on trouve à l'*Abeille* des cuirs repoussés, des étains ciselés, du cuivre martelé et repoussé, de la pyrogravure, des miniatures et des émaux remarquables, du bois sculpté, des aquarelles, des éventails, des pastels, etc., etc. Les ouvrages à l'aiguille sont merveilleux; on y voit des dentelles au filet, de Venise, d'Irlande, au fuseau; des broderies au passé peint, au petit ruban, à l'anglaise, moldave, au plumetis; la lingerie pour dames et enfants, etc., etc.

L'Adelphie. — Reconnue d'utilité publique. — Siège social : *Faubourg Saint-Honoré*, 168, Paris. Présidente : B^me DE BOURGOING.

L'*Adelphie*, société d'aide mutuelle de dames par le travail, a été fondée en 1893 dans le but de venir en aide aux femmes du monde qui, jetées tout à coup au milieu de difficultés imprévues, sont dans la nécessité de gagner leur vie. Elle comprend deux groupes :

1° Les membres travailleurs ;
2° Les membres protecteurs.

Afin d'utiliser les différentes aptitudes des dames qui ont recours à l'*Adelphie*, il a été créé des sections dont chacune est dirigée par des dames du Conseil d'Administration :

1° Travaux littéraires ;
2° Peinture, travaux d'art ;
3° Musique;
4° Institutrices, professeurs, dames de compagnie;
5° Travaux à l'aiguille et de fantaisie, travaux d'art.

L'*Adelphie*, guidée avant tout par un réel sentiment de solidarité, est ouverte sans distinction à toutes les religions et à toutes les nationalités.

Asile temporaire familial pour enfants abandonnés. — Siège social : 23, *rue la Quintinie*, Paris. Directrice : Mme GIBRAT-SIROT.

L'Œuvre des asiles familiaux a pour but :
1° De soustraire les orphelins à l'influence du vice ;
2° Leur donner une éducation et une instruction convenables;
3° Former les jeunes filles à la couture et aux besoins du ménage ;
4° Diriger les garçons dans un état à leur convenance.

Les parents ont la faculté de retirer les enfants à leur volonté.

Assistance par le travail. — *Œuvre du travail.* — Siège social : 30, *rue de Berlin*, Paris.

L'Œuvre, créée par Mme de Pressensé, mère de M. Edmond de Pressensé, en 1850, et continuée par sa fille, Mme Suchard de Pressensé, dans le but de donner de l'ouvrage suffisamment rétribué aux femmes qui n'en trouvaient pas dans les magasins, a le droit de revendiquer en tant qu'œuvre et par le fait de son ancienneté le titre de première Œuvre d'assistance par le travail fondée à Paris.

Cette Œuvre, primitivement installée 4, rue de Berlin, a été transférée en 1902 même rue, au numéro 30 ; c'est là que les ouvrières viennent chercher et rapporter le travail sous la surveillance de la Directrice et de deux Dames du Comité.

Le linge confectionné est vendu en permanence à l'ouvroir de la rue de Berlin. Une vente a lieu une fois l'an pour liquider plus facilement le linge en magasin et alimenter la caisse de l'Œuvre qui ne reçoit aucune subvention d'autre part.

Une caisse de secours permet de venir en aide aux femmes les plus nécessiteuses.

Association Amicale et de Prévoyance de la Préfecture de police.
Reconnue d'utilité publique.

La *Société Amicale et de Prévoyance de la Préfecture de Police* a été fondée en 1882; elle compte 7.359 membres participants et 683 pensionnés. Elle possède un capital de 2.640.000 francs.

Elle a pour but de donner à ses adhérents, pendant leur participation, les soins médicaux gratuits et des secours en cas de maladie. Elle leur assure ensuite une retraite proportionnée aux années de participation.

Elle prend à sa charge les obsèques des membres participants et donne des secours aux veuves et aux orphelins.

Association charitable (*venant en aide aux Veuves et aux Filles des anciens officiers et anciens fonctionnaires de l'Etat*). — Fondée le 13 février 1879. — Siège social : 27, *rue d'Anjou*, Paris.

L'Association donne à ses adhérentes des secours en argent et en vêtements, ou leur procure du travail ou un emploi.

Toute demande d'assistance doit être recommandée par une personne faisant partie de l'Œuvre et adressée, 27, rue d'Anjou, avec renseignements complets sur la situation de l'intéressée.

Les Dames bienfaitrices qui désirent se faire inscrire comme sociétaires versent une cotisation annuelle de 12 ou de 20 francs, sans participer aux bienfaits matériels de l'*Association*.

Les hommes, également, sont admis, à titre honoraire, moyennant la même cotisation.

Association des Dames Françaises. — *Une des trois sociétés de la Croix-Rouge française*. — Reconnue d'utilité publique.

Secours aux militaires blessés ou malades en temps de guerre ; secours aux civils dans les calamités publiques ou désastres.

Rattachée par décrets ministériels aux services de santé militaire de l'armée et de la marine.

Son siège social est 10, rue Gaillon, à Paris, où se tiennent ses ouvroirs et où a lieu l'enseignement fait dans le but de former des Dames ambulancières.

L'*Association* a son hôpital, 93, rue Michel-Ange, à Auteuil, XVI°, où les Dames reçues ambulancières font un service, facultatif.

Association pour le développement de l'Assistance aux malades.
Siège social : 10, *rue Amyot*, Paris.

L'Association, fondée en 1900 par Mme Alphen-Salvador, sur l'initiative de Mlle Allegret, débuta, dans un modeste logement de la rue Garancière, par un rudiment d'école avec trois élèves.

Cette École, dont la prospérité s'est rapidement accrue, grâce au zèle dévoué de sa Présidente-Fondatrice, aidée de quelques concours généreux, tend à ouvrir aux jeunes filles, devant vivre de leur travail, une nouvelle carrière.

Elle assure en outre à des malades de toute condition, et en dehors de tout caractère confessionnel, des soins intelligents et délicats. Elle fournit enfin à MM. les médecins et chirurgiens des auxiliaires disciplinées et ponctuelles.

Un hôpital gratuit y est annexé, fondé par Mme Alphen-Salvador. Un service de consultations gratuites y fonctionne deux fois par semaine, avec distribution gratuite de médicaments.

Le Conseil d'administration, sur l'initiative de sa présidente et de son bureau, a organisé son service d'assistance gratuit à domicile pour les malades indigents et un service pour les soins à donner aux nourrissons.

Association de placement gratuit de Français à l'étranger et aux colonies. — Siège social : 13, *boulevard Arago*, Paris, XIIIᵉ arr. Président : M. Foncin, inspecteur général de l'Instruction publique.

Comme l'indique l'article premier de ses statuts, l'Association de placement gratuit « a pour but de donner aux jeunes gens (et jeunes filles) qui désirent trouver une situation ou s'établir hors de France toutes indications utiles ».

Elle repose sur un double principe : 1° solidarité sociale (assistance par le travail); 2° propagande française (défense de notre commerce extérieur, mise en valeur de notre domaine colonial).

L'Association est subventionnée par l'État ainsi que par quelques municipalités et chambres de commerce.

Association des Mères de Famille. — Siège social : 40, *rue de Berlin*. Paris. Présidente : Mme Lecoq.

Cette Société, fondée en 1836, a pour but de venir en aide aux femmes indigentes et aux pauvres honteux, dès la naissance de leur premier enfant, en leur donnant : berceau, layette, vêtements pour la mère, bons de nourriture et chauffage, sans exiger aucune condition spéciale.

L'Œuvre se compose d'une présidente-trésorière et d'une secrétaire, et dans chaque quartier d'une présidente et de conseillères qui accordent et distribuent les secours.

L'administration de l'Œuvre est entièrement gratuite, et toutes les sommes données arrivent intégralement aux indigentes.

Ausseur et Hipp, menuisiers. — 31 *bis, avenue de Ségur*, Paris.

Institutions créées en faveur du personnel employé et ouvrier de la *Maison Ausseur et Hipp*, menuiserie d'art à Paris.

Société de secours mutuels, fondée en 1890, approuvée par arrêté du ministre de l'Intérieur en 1894.

Les ouvriers payent une cotisation mensuelle de 1 fr. 25, les patrons versent une somme égale à la moitié des sommes encaissées.

Indemnité aux malades de 3 francs par jour, soins gratuits du médecin, allocation de 200 francs aux veuves des sociétaires, de 50 francs aux orphelins.

Enseignement du dessin aux apprentis et jeunes ouvriers.

Cours, conférences, travaux graphiques.

Bazar de la Charité. — Siège social : 25, *rue Pierre-Charron*, Paris. Président : Comte Albert Bruneel.

Le *Bazar de la Charité* créé en 1885, fonctionna chaque année dans diverses installations provisoires, jusqu'au jour de la terrible catastrophe de 1897 dont le souvenir est resté douloureusement gravé dans la mémoire de chacun.

La France, plongée dans un deuil douloureux, était terrifiée. Les Œuvres allaient tomber dans la plus grande détresse, car beaucoup ne subsistaient que grâce au Bazar de la Charité, personne, désormais, ne voudrait plus assumer d'aussi graves responsabilités !

C'est au milieu de ce marasme, dans lequel étaient plongées les plus belles OEuvres de la France charitable, que le comte Albert Bruneel eut la généreuse, mais téméraire pensée de faire renaître de ses cendres le Bazar de la Charité qui donne la vie à tant d'OEuvres. C'est en 1900 qu'il fonda donc le nouveau Bazar qui fut accueilli aux Galeries de la Charité, monument généreusement élevé en la même occasion par la comtesse de Castellane et dédié à la Bienfaisance.

Malgré bien des luttes morales et des difficultés matérielles, l'OEuvre triompha et maintenant deux cent vingt-cinq OEuvres bénéficient des ventes au nouveau Bazar de la Charité.

Le *Bazar de la Charité*, tel qu'il est conçu maintenant, crée continuellement des innovations dans le domaine de la bienfaisance. Il est placé sous le haut patronage d'ambassades accréditées auprès du gouvernement de la République Française.

Conseil National des Femmes françaises. — Fondé à Paris le 18 avril 1901. — Siège social : 1, *avenue de Malakoff*, Paris. Présidente : Mlle Sarah Monod.

Le *Conseil National des Femmes françaises* est une Fédération des sociétés féministes et œuvres féminines, créées par des femmes ou pour des femmes. Toutes les OEuvres féminines, toutes les sociétés qui poursuivent l'amélioration du sort de la femme au point de vue éducatif, économique, social, moral, philanthropique ou politique peuvent en faire partie.

Le but du *Conseil National* est d'établir un lien de solidarité entre les diverses Sociétés et OEuvres s'occupant de la condition et des droits des femmes, qui permette à ses membres de conférer ensemble sur les questions relatives à leurs intérêts sociaux et matériels, à leurs droits et à leurs devoirs dans la société et dans la famille.

Le *Conseil National* est affilié au Conseil International des Femmes (*International Council of Women*).

Économie ménagère. — *École de la rue des Boucheries,*
Saint-Denis (Seine).

M. Charles Driessens, fondateur des cours et concours d'économie domestique et de cuisine ménagère.

Conférences aux femmes et jeunes filles sur les soins du ménage.

L'Ecole des Mères. — Siège social : 25, *avenue Wagram*, Paris.
Présidente : Mme MOLL-WEISS.

Fondée à Bordeaux en novembre 1897, l'*École des Mères* y comptait trois sections différentes : l'une pour les enfants des écoles, l'autre pour les jeunes filles et les jeunes femmes de la moyenne bourgeoisie, la troisième pour les femmes riches. Dans tous les milieux son succès a été le même ; au moment où sa fondatrice quittait Bordeaux, elle comptait environ cinq cents auditrices et élèves.

L'*École des Mères* s'adresse à la fois aux jeunes femmes et aux jeunes filles, elle se propose de leur mieux faire connaître leur double rôle de maîtresses de maison et de mères et de les y préparer par un enseignement méthodique et expérimental fortement organisé.

A Paris, Mme Augusta Moll-Weiss continue l'Œuvre commencée en province en la complétant par la formation de professeurs.

Fédération des Sociétés de secours mutuels de Lot-et-Garonne.
— Fondée en 1903. — Siège social : *rue des Colonels-Lacuée,*
Agen. Président d'honneur : M. CHAUMIÉ, garde des sceaux, ministre de la Justice. Président : M Raymond THOMAS, avocat.

La *Fédération des Sociétés de secours mutuels de Lot-et-Garonne* est une union départementale créée conformément à l'article 8 de la loi du 1er avril 1898. Elle a été autorisée par arrêté ministériel en date du 5 octobre 1903.

Elle s'interdit toute atteinte à l'autonomie des sociétés adhérentes et a pour but de réaliser, par l'Association au second degré, les grands services de la Mutualité que les sociétés isolées et réduites à leurs seules forces ne pourraient entreprendre.

Elle est administrée par un Conseil composé de trois délégués par société et par une section permanente de 28 membres comprenant un bureau central ou siège social et un bureau par arrondissement.

Résultats généraux. — La *Fédération* réunissait à l'origine 46 sociétés. Au 1er janvier 1905 elle comptait 75 sociétés groupant 100.000 mutualistes.

Services et créations de l'Union. — Règlement départemental de mise en subsistance et de mise en surveillance pour les mutualités qui changent de résidence.

Caisse de réassurances, assurance contre la maladie prolongée au delà de 3 mois.

Commission d'arbitrage pour le règlement rapide et sans frais des différends qui peuvent s'élever entre une société et un membre ou un fournisseur.

Délégués communaux de la Mutualité pour la propagande mutualiste, la création de nouvelles sociétés, conférences, etc.

Bulletin officiel de la Fédération. — (Edition spéciale de l'Avenir de la Mutualité), reçu par toutes les sociétés composant l'Union.

Constitution, sous le Patronage de la Fédération, d'une société protectrice des apprentis, destinée à former des ouvriers complets et à maintenir le contrat d'apprentissage si nécessaire au bon renom de l'industrie française.

Bibliothèque mutualiste et d'éducation sociale (300 volumes).

A l'étude : Sanatorium anti-tuberculeux, dispensaire anti-tuberculeux, consultations de nourrissons, création d'un Comité départemental de l'Alliance d'hygiène sociale.

Fondation Carnot. — Siège social : *L'Institut de France.*

Au lendemain de l'odieux attentat du 24 juin 1894, un comité, composé de Mmes Foucher de Careil, Koechlin-Schwartz, Jules Simon, Siegfried, Peytral, Reymond, Cavaignac, Levylier, Goudchaux et Franck-Puaux, ouvrit une souscription pour perpétuer la mémoire du président Carnot par la fondation d'une œuvre philanthropique, que sa veuve désignerait elle-même.

Le produit de cette souscription, s'élevant à 374.414 francs, fut converti en un titre de rente de 11.000 francs et remis à Mme Carnot.

Par acte du 21 juin 1895, Mme Carnot en fit la donation à l'Académie des sciences morales et politiques, à la charge de distribuer, le 24 juin de chaque année, 55 secours, de 200 francs chacun, aux veuves d'ouvriers chargées d'enfants, qu'elle aurait jugées les plus méritantes.

Le revenu de ce titre de rente ne devant être touché que le 1ᵉʳ juillet 1896, sa première répartition ne pouvait avoir lieu que le 24 juin de l'année suivante.

Mais un certain nombre de souscriptions lui étant parvenues tardivement, et une somme disponible de 10.000 francs restant entre ses mains, le Comité des Dames françaises décida que cette somme supplémentaire ne serait pas capitalisée ; et, conformément à ses intentions, l'Académie a distribué, dès le 24 juin 1896, 50 secours de 200 francs.

A sa mort, Mme Carnot a légué par testament, à l'Académie des sciences morales et politiques, ses diamants, en exprimant le vœu qu'ils fussent vendus et que le produit, converti en rente, accrût la *Fondation*.

M. et Mme Sadi-Carnot, lors de leur mariage en 1904, firent don de deux titres de rente de 200 francs chacun.

Le montant total de la *Fondation* est représenté à ce jour par un titre de 15.000 livres de rente permettant de donner le 24 juin de chaque année 75 bourses à des veuves chargées d'enfants.

Fondation Mamoz. — Reconnue d'utilité publique.
Siège social : 170, *faubourg Saint-Honoré*, Paris.

Première Assistance par le Travail fondée à Paris. Fait coudre à domicile par des ouvriers en chômage et des femmes chargées de famille les vêtements et le linge pour œuvres de charité dont ses membres lui confient les commandes. Fait exécuter au siège de l'Œuvre des travaux d'écriture en tous genres, pour le public, par des hommes momentanément sans travail. S'efforce de procurer du travail ou un emploi à ceux de ses assistés reconnus dignes de confiance. Intermédiaire entre les misérables et leurs bienfaiteurs, elle met ceux-ci en garde contre l'exploitation des faux pauvres par son service d'informations, grâce aussi à ses archives, soigneusement accumulées depuis 30 ans.

Foyer temporaire de l'Œuvre des Pauvres honteux. — Reconnue d'utilité publique. — Siège social : 80, *rue Raynouard*, Paris.

L'Œuvre hospitalise les jeunes filles, institutrices, artistes, employées, et les femmes du monde sans ressources. Elle les nourrit, les soigne, leur donne des vêtements, leur procure des situations avantageuses : tout cela gratuitement.

Un Cercle les réunit en une grande famille.

Le Secrétariat procure des leçons, des situations aux professeurs, aux institutrices et aux dames de compagnie,

S'adresser à Mlle la Directrice, le mardi et le jeudi de 3 heures à 7 heures.

Joie de vivre. — *Saint-Quentin*, Aisne.
Présidente-fondatrice : Mme M. L. Bérot.

L'Enfance indigente sauvée par toutes les femmes (1er tableau).

Aucun enrôlement dans une œuvre.

Élan personnel, direct, et résultats incontestables.

Appel à tous les cœurs de jeunes filles et de femmes, pour que chacune ait son enfant indigent privilégié.

Vrai bien entre les mères : rapprochement social, mutuel, le plus efficace.

Tout tenter désormais pour conserver les enfants qui naissent. Les trois quarts meurent actuellement de besoin ou de négligence.

Quinze années d'expérience m'ont prouvé que chaque enfant sauvé donne le bonheur. Courage et confiance !

Métiers des femmes à la maison (2ᵉ tableau).

L'ouvrière qui *reste à son foyer* garde ses enfants.

« Le 1ᵉʳ argent gagné est celui qui ne sort pas de la maison par des achats rapides. »

Se spécialiser, se perfectionner, se faire connaître. Anciens états oubliés et redemandés :

Remmaillage des tricots, bas, bonneterie, reprises dans le drap, les lainages, les fantaisies, spécialité dans le linge damassé, les vieilles dentelles, spécialité de jours (faits à fils tirés dans la lingerie de luxe). Refaire les mailles du tulle, des rideaux, des guipures. Chiffrer au plumetis; marquer habilement. Abonnement à l'année avec des maisons bourgeoises pour l'entretien du linge, des bas et chaussettes. Machine à tricoter pour toutes les petites bourses d'un quartier, dentelles au crochet, au fuseau, découpage de broderie, etc., etc...

Economie domestique pratique (3ᵉ tableau).

La fillette aimera son aiguille et saura s'habiller sans frais.

Elle recevra (en prix) à sa sortie de l'école des patrons de mousseline (trousseaux et layettes très simples) et deviendra habile, toujours *propre* et *raccommodée*.

Apprendre à mettre vivement des pièces au linge et aux vêtements. Elle ne le fait pas, parce qu'elle ne SAIT pas.

Bébés. Patrons en mousseline bordés de ruban et exposés sur ce tableau, chemise, brassière bébé, culotte bébé, blouse enfant 2 ans, 1 bavoir, 1 serviette table.

Enfants de 7 ans. Patrons très simples de chemise, de pantalon, de tablier, de culotte et blouse pour garçonnet.

Jeune fille et femme. Chemise jeune fille, pantalon *id.* ; jupon *id.*: corsage; col fantaisie; tablier *id.*:

Ces modèles seront faits par paquets sur demande pour distributions de prix et récompenses.

La Maison du Pauvre (*ou manœuvres à 1 fr. 50 par jour*) *ou gens sans métier stable,* soit les trois quarts des faubourgs.

Cette maison, ou plutôt cette pièce unique, sera badigeonnée à la chaux. Les carreaux en seront tamponnés, le lit sera en fer.

le parquet tenu propre, la table bien lavée. Plusieurs primes seraient données annuellement par arrondissement pour Paris, puis dans chaque ville et village aux ménagères dont les maisons seront reconnues les plus *propres*, quelle qu'en soit l'indigence.

Des dames de bonne volonté visiteront souvent, mais irrégulièrement, ces maisons, et s'inscriront à l'amiable pour qu'aucune ne soit oubliée et soit digne de la prime (soit 10, 20 ou 30 francs, à débattre).

En regard du nom visité, les dames mettraient le chiffre 3, 2, ou 1, selon que la tenue serait parfaite, suffisante ou négligée.

Le total des points mérités donnera droit aux primes. La propreté : 1er moyen antituberculeux, maison tenue; 1er moyen antialcoolique (on reste chez soi.)

1° Urgence d'enlever l'enfant ou la personne reconnue tuberculeuse du milieu où elle contaminerait toutes les autres;

2° Inspection sérieuse et générale des *logements* à louer, surtout des *garnis*. Obligation d'assainir, surveillance des *taudis à enfants* qui se contaminent à plaisir;

3° Urgence d'un cours d'hygiène pratique aux jeunes filles de 12 à 15 ans. Préservatifs contre L'ANÉMIE. Obligation aux jeunes filles de fabrique de prendre l'air, le grand air, le dimanche; s'en occuper;

4° Urgence de l'auscultation annuelle pour toute personne mineure, *partout* (en tenir une liste).

Des taudis d'enfants pauvres couchés pêle-mêle sur une misérable paillasse habitée, partent les épidémies qui en fauchent plusieurs dans chaque maison, gagnant les voisins, ravageant partout l'enfance, ruinant le sang des générations survivantes. Appréciant et aimant l'ouvrière, j'ai de nombreux exemples à l'appui de ce que j'avance comme besoin immédiat.

Que cette bienfaisante Exposition ouvre tous les cœurs généreux, garde les chers enfants de France et soit le triomphe des créateurs heureux, sauvant enfin les malheureux.

Le Dû aux Mères *(Œuvre d'assistance féminine)*.
Siège social : 6, *rue Blanche*, Paris.

Cette Société a pour but d'accorder aide, secours et protection aux mères malheureuses sans distinction.

Branches de l'Œuvre :

Caisse de prêts gratuits ;

Placements gratuits ;

Vestiaire et lingerie ;

Concours périodiques de bébés.

Les concours ont pour but d'encourager l'hygiène infantile afin de diminuer la mortalité. Le jury est composé des médecins membres de l'Œuvre.

Des récompenses sont délivrées aux bébés les plus beaux et les plus prospères.

Le Prêt gratuit. — Siège social : *Mairie d'Asnières* (Seine).
Président : M. VINCENOT.

La Société ouvrière *Le Prêt gratuit* a été instituée pour favoriser le développement des Sociétés coopératives d'habitations à bon marché, en prêtant, sans intérêts, aux ouvriers ou employés le dixième ou une partie du dixième exigé par la loi de 1867.

La Société offre un moyen efficace pour prévenir de nombreux tâtonnements et découragements regrettables parmi les plus déshérités, désireux d'abriter leur famille dans un logement sain et salubre.

Le Refuge des enfants. — Siège social : 27, *rue de la Liberté*,
Vincennes (Seine). Fondatrice-directrice : Mme LAMBLA.

La colonie à la mer fondée et installée à Bernières (Calvados) par Mme Lambla, fondatrice du *Refuge des enfants*, offre aux petits Parisiens anémiés, sans distinction d'école, de culte, de nationalité, les émanations salubres, fortifiantes de la mer.

Un séjour de plusieurs mois déterminé par l'état de l'enfant, permet une cure complète. Mme Lambla reçoit les garçonnets de 3 à 10 ans et les fillettes de 3 à 13 ans.

Cette longue période lui permet de faire beaucoup de bien à un nombre illimité d'enfants auxquels elle rend la santé, sauvant des vies compromises par les conditions hygiéniques déplorables de certains.

L'enfance parisienne a donc, suivant la décision de l'examen médical, et à son choix, la cure maritime ou la cure champêtre, qui se complètent.

Ligue contre la misère (*Œuvre d'assistance et d'éducation populaire*). — Fondée le 1er août 1894. — Siège social : 22, *rue Orfila*, Paris-XXe.

La *Ligue contre la Misère* a été fondée le 1er août 1894 par un modeste instituteur, M. Pareille, qui a su grouper autour de lui des travailleurs émus des misères qu'il voyait sans pouvoir les soulager utilement.

Elle vient en aide aux ouvriers tombés momentanément dans la gêne et évite ainsi bien des drames qui sont la honte de notre époque.

Son action s'étend sur tout le département de la Seine et elle poursuit en même temps l'éducation du peuple en organisant des conférences et des cours d'éducation ménagère.

Le Sillon (Journal bi-mensuel, artistique, littéraire, social, exclusivement dirigé, rédigé, administré par des femmes.) Bordeaux, 83, *cours Cicé*; Paris, 20, *boulevard Saint-Michel*. Directrice : Mlle Valentine DUTREY.

Les bénéfices de cette publication sont destinés à soulager les misères cachées des femmes et jeunes filles du monde, atteintes de revers de fortune.

La prospérité de ce journal, très répandu dans tout le sud-ouest de la France, a toujours été en progressant. Cette année il publiera une édition parisienne.

Le *Sillon* a fondé à Bordeaux :

La Société des employés de commerce, la Société de secours mutuels « Les travailleuses réunies ».

Cette Œuvre a donné récemment naissance à :

L'*Adelphie de Tunis*, qui poursuit en Tunisie un même but de prévoyance.

Œuvre de l'assistance par le travail de Fontainebleau.
Siège social : 9, rue Alexis-Durand, Fontainebleau.

L'*Œuvre de l'Assistance par le travail*, fondée en 1898, a pour but :

1° De procurer aux femmes sans ouvrage des travaux de couture ou autres, leur permettant de rester à leur foyer ;

2° De procurer aux passagers des deux sexes et sans ouvrage un travail ne demandant aucun apprentissage.

Pour servir de débouché aux travaux de couture, l'Œuvre a organisé un service de confection et de location de linge. Ce service est très apprécié pendant la saison d'été par les propriétaires et locataires des nombreuses villas de Fontainebleau et des environs.

L'Œuvre s'occupe également du blanchissage du linge des femmes en couches, du placement des enfants, de la protection de la jeune fille, des engagements militaires, etc.

Les ressources consistent en cotisations, vente de bons de travail à 10 centimes, subventions de la ville, du département et du ministère de l'Intérieur.

Œuvre d'assistance par le travail du XVIᵉ arrondissement. —
Siège social : Mairie du XVIᵉ, 71, avenue Henri-Martin, Paris.
Président : M. Georges COULON.

Cette Œuvre se compose :

1° D'un atelier de travail pour les hommes, situé 7, avenue de Versailles, où se fait la fabrication de fagots exécutée par des ouvriers momentanément sans travail ;

2° D'un ouvroir pour la confection de linge de maison.

Ce travail est distribué par les dames de Comité à la mairie du XVIᵉ arrondissement aux mères de famille et aux femmes trop âgées et incapables de travailler pour le commerce ou dans les ateliers.

La vente de ce linge se fait toute l'année au magasin de l'Ouvroir, 145, rue de la Pompe.

Œuvre des Familles ou des Dizaines, *parmi les membres de l'E-glise réformée de Paris*. Secrétariat central : 80, *rue Taitbout*, Paris. Présidente : Mme THIERRY-MIEG.

Les Dizaines sont formées, ainsi que l'indique leur nom, d'un groupe d'environ dix personnes qui s'imposent une cotisation mensuelle d'un franc pour s'occuper en commun d'une famille tombée dans la misère.

Les Dizaines se composent particulièrement de dames, mais les hommes n'en sont pas exclus.

La Dizaine se réunit chaque mois en comité. Dans ces séances se fait la recette des cotisations, se déterminent les dépenses à faire pour la famille adoptée, ainsi que les mesures à prendre pour la tirer de sa pénible situation.

Toute latitude est d'ailleurs laissée dans leur action et dans le mode de secours qu'elles jugent le plus convenable d'adopter.

Chaque Dizaine doit réserver par mois une cotisation de deux francs destinés à la *Caisse centrale*.

Plusieurs fois dans le cours de l'année, et aux époques que déterminent les circonstances, les Présidents des Dizaines se réunissent en comité, présidé par le Président de l'Œuvre. Dans ce comité, on recueille les cotisations des Dizaines et on rend compte de la position des familles secourues.

Œuvre de Miss de Broen. — Fondée en 1871. Siège social : 3, *rue Clavel* (Paris-Belleville, près les Buttes Chaumont).

Assistance par le travail; Dispensaire gratuit; Fourneau économique; Protection des enfants et des jeunes filles; Œuvre antialcoolique; Cours du soir pour adultes; Conférences religieuses, morales et de tempérance; Visites à domicile; Bibliothèque gratuite, etc., etc.; Sanatorium près de la mer pour enfants et mères, etc., etc.

Pour l'admission des enfants, s'adresser au siège de l'Œuvre.

Œuvre de la Misère. — Siège social : 19, *rue des Bons-Enfants*, Paris.

Fondée le 4 juillet 1902, cette Œuvre est placée sous le haut patronage de Mme la DUCHESSE D'UZÈS et de nombreuses personnalités parisiennes. *Misère* n'est pas seulement une œuvre de charité basée sur un système spécial de répartition des secours, mais encore une mutualité où le pauvre a les mêmes droits que le riche.

L'Œuvre est divisée en sections qui sont : l'assistance générale mutuelle, la caisse de prêts gratuits, le dispensaire d'enfants, la maison d'apprentissage (création Simonne) pour jeunes filles pauvres, le vestiaire, le magasin de vivres, l'assistance par le travail (agence de publicité), le bureau de placement gratuit, les comités juridique, médical, pharmaceutique, les comités commerciaux et industriels, le comité de Dames conciliatrices.

Cette Œuvre constitue une véritable innovation en matière de charité privée; elle possède un caractère spécial de société mutuelle et philanthropique qui marque une nouvelle étape vers l'organisation parfaite de l'assistance publique. Elle est dirigée par son créateur, M. Georges Godin.

Société des familles de Nancy. — Fondée en 1853. Siège social : 3, *place Carrière*, Nancy. — Président: M. Eug. NICOLAS, avocat.

But.

1" La maternité : frais de l'accouchement; indemnités de journées de maladies;

2" Protection de l'enfance : lait pur vendu à bon marché; surveillance de l'enfant; récompenses, fêtes annuelles;

3" Apprentissage : surveillance des enfants; patronage, prix et récompenses;

4" Protection de la femme : recherches de situation pour les sociétaires; appui moral et matériel;

5° Tuberculose : Envoi des malades dans un sanatorium.

Les malades ne paient que si leurs ressources le leur permettent.

Comme complément, la Société pratique l'assurance au décès et la retraite, et ce, moyennant une rétribution aussi minime que possible.

Œuvre du Point-du-Jour. *Assistance des mères et des nourrissons du XVI*. Siège social : 214, *avenue de Versailles*, Paris. — Présidente : Mme PÉRIER.

Cette Œuvre a pour but essentiel de favoriser l'allaitement maternel.

Les mères sont assistées avant la naissance de leurs enfants et pendant la durée de l'allaitement.

L'Œuvre s'occupe également des enfants élevés au biberon.

Consultations pour les nourrissons : le lundi et le vendredi à 1 h. 1/2 : Drs Aviraguet et Sempé. Pour les mères : le mardi à 1 h. 1/2 : Dr Chevallier.

Œuvre protestante des Petites-Familles. — Siège social : 4, *avenue Hoche*. Paris. — Présidente: Mme Henri MALLET.

Fondée en 1891 par Mme Henri Mallet, cette œuvre a pour but de recueillir des enfants de tous les âges et des deux sexes, orphelins, abandonnés, ou vivant dans des milieux immoraux.

Ces enfants sont groupés par famille et placés sous la direction d'une femme dévouée qui se consacre entièrement à eux, et s'efforce par une éducation chrétienne de redresser leurs défauts, de fortifier leur constitution physique souvent débile et d'effacer de leur esprit les tristes souvenirs du passé.

Ils reçoivent une bonne instruction primaire, et sont dirigés, selon leurs goûts et leurs aptitudes, vers une carrière laborieuse. Ils font partie de leur famille d'adoption tant que leurs moyens d'existence ne sont pas assurés, ou qu'ils n'ont pas fondé eux-mêmes une famille.

La pension est de 30 à 40 fr. par mois, payables par trimestre et par avance.

Retraites individuelles pour les familles. — Siège social : 137, *rue du Théâtre*, Paris.

De création récente, cette nouvelle caisse de retraites permet à toute personne (homme, femme ou enfant) de se constituer une pension dont le chiffre variera à son gré à l'aide des versements uniformes ou variables, suivant ses ressources ou les exigences de la vie.

Cette Société réunit tous les avantages de la Caisse nationale des retraites à ceux que la loi du 1er avril 1898 accorde aux Sociétés approuvées.

Elle convient parfaitement aux personnes qui veulent constituer une pension à leurs femmes ou leurs enfants, alors que le père a une retraite assurée en raison de ses fonctions sociales.

Le droit d'admission est de 2 francs.

Société d'assistance par le travail des VIIIe et XVIIe arrond.

Reconnue d'utilité publique. — Siège social : 17, *rue Salneuve*, Paris. Président : M. CHARLES SCHWARTZ.

La *Société* a son siège social, ses ateliers et chantiers, 17, rue Salneuve.

Le travail des hommes consiste dans la fabrication des ligots ;

Celui des femmes, en porte-fiches, étiquettes pour les compagnies de chemins de fer.

Il y a de plus l'ouvroir, qui fait fabriquer des objets de lingerie à domicile pour les ouvrières assistées qui ne peuvent quitter leur logis.

Le travail s'effectue au moyen de bons de travail, dont la rémunération est de 0 fr. 75 par trois heures de travail.

Société fraternelle de Protection des Veuves, Veufs et Orphelins des Fonctionnaires de la Ville de Paris. — Siège social :

7, *rue Nouvelle-du-Théâtre*, Paris. Président : M. P. VALETTE.

Cette Œuvre a pour but, le secours immédiat de veuvage par lequel elle vient immédiatement en aide, pécuniairement, aux familles accablées par le décès de l'un des époux ; elle protège les orphelins de ses sociétaires, elle aide les parents de ses sociétaires décédés célibataires.

La Société alloue 100 francs à la veuve, 100 francs au veuf, plus 50 francs à chaque enfant âgé de moins de seize ans.

Elle a distribué, depuis le 1er octobre 1898 : 7.600 francs à

21 veuves, 2.600 francs à 13 veufs, 3.050 francs à 54 orphelins et 1.250 francs pour frais funéraires, soit 14.500 francs.

Cela moyennant une cotisation annuelle de 8 francs pour les membres participants et de 10 francs pour les membres honoraires.

Société Philanthropique du Prêt Gratuit. Fondée en 1882. — Siège social : 1, *rue Saulnier*, Paris (ci-devant, 26, rue Cadet). Directeur : M. Victor MICHAUT.

But de la Société : La Société, dont l'action est limitée au département de la Seine, a pour objet principal la recherche discrète des misères qui se cachent, le relèvement des courages abattus et la sauvegarde de la dignité humaine, à l'aide du *Prêt Gratuit.*

Elle vient en aide notamment aux ouvriers, employés ou tous salariés qui se trouvent momentanément dans la gêne par suite de maladie ou de toutes autres circonstances malheureuses quelconques, au moyen de prêts d'argent remboursables sans frais ni intérêts. Prêt maximum, 200 francs. Durée maxima, un an.

Cette Société a consenti jusqu'à présent, depuis son origine (en chiffres ronds) :

Environ 15.000 prêts s'élevant à 1.150.000 francs.

Société de Protection des institutrices françaises. — Créée en 1893, fondée et dirigée par Mlle Maria CHIRON. — Siège social : 16, *rue des Plantes*, Paris.

But de la Société :

1° Le placement gratuit des institutrices françaises ;

2° Créer et fonder une maison de protection exclusivement destinée aux institutrices françaises ;

3° L'Œuvre offre un lieu de patronage de renseignements à toutes les Institutrices sans distinction de culte.

Résultats obtenus par la Société :

Depuis 1893, il a été placé gratuitement plus de 2.000 institutrices.

Près de 3.000 personnes ont trouvé constamment des conseils maternels et éclairés auprès de la Fondatrice.

Il a été donné 1.500 jours d'hospitalité gratuite, payé des dettes criardes, donné des vêtements, payé des voyages, etc.

Société française d'émigration des femmes. — Secrétaire générale : Mme Pégard, 44, *rue Chaussée-d'Antin*, Paris.

Société d'appui fraternel des enfants de la Côte-d'Or à Paris. — Président : M.Cl.Chauveau,223,*boulevard Saint-Germain*,Paris.

Société d'assistance familiale. — Secrétaire général : Dr Marie. *Asile de Villejuif* (Seine).

Les Dames de Cognac. — Société de secours mutuels approuvée par arrêté du 10 décembre 1904. Siège social : *Hôtel-de-Ville*, Cognac.

La société des *Dames de Cognac* a pour but de fournir à ses membres participants les soins médicaux et pharmaceutiques. Leur payer une indemnité de maladie de 0,50 par jour pendant trois mois. Leur accorder une indemnité spéciale de 20 fr. pour chaque accouchement. Leur constituer des pensions de retraite sous forme d'allocations annuelles. Leur accorder des secours exceptionnels en cas de besoin urgents. Pourvois à leurs funérailles. Contracter à leur profit des assurances en cas de vie, d'accidents ou de décès.

La société se compose de membres participants et de membres honoraires. Les membres versent une cotisation mensuelle de 1 franc.

L'Union Familiale. — Siège social : 172, *rue de Charonne*, Paris. Directrice générale : Mlle Gahery.

« L'*Union Familiale*, dit M. Emile Cheysson, fait reposer son action sur les principes suivants :

« 1° La résidence sur place de ses membres en plein quartier populaire (settlement);

« 2° Les contacts journaliers et amicaux avec les familles du quartier, pour dissiper leur défiance et pour gagner leur amitié à force de désintéressement et de services rendus, notamment en les aidant à instruire, amuser, élever leurs enfants ;

« 3° La suppression de l'aumône directe en argent, qui trop souvent irrite, déprime et humilie ;

« 4° L'éducation de la ménagère, pour lui apprendre la science du ménage et la bonne tenue du logement qui retient le père de famille et le dispute au cabaret ;

« 5° L'enseignement social, qui arme de connaissances précises les membres de l'*Union* et leur permet en s'éclairant eux-mêmes, d'éclairer les autres et de réfuter les erreurs ambiantes. »

L'Union des anciens Chasseurs à pied du 29ᵉ Bataillon. — Société de secours mutuels approuvée. — Siège social : 23, *rue du Temple*, Paris, IVᵉ. Présidents d'honneur : M. MIRMAN, député, et M. le commandant ARLABOSSE, du 29ᵉ bataillon. Président-fondateur : M. Aristide ROLLIN.

Cette Société, en outre de son but amical, contribue à améliorer le foyer familial en plaçant gratuitement ses sociétaires, en les aidant en cas de maladie et en les secourant dans les moments difficiles de la vie. En outre elle donne un secours à la veuve en cas de décès d'un sociétaire et prend à sa charge partie des frais funéraires occasionnés par ce décès.

Union des Sociétés de secours mutuels du Loiret. — Président : M. le Dr LE PAGE.

Cette Union, fondée entre les *Sociétés des secours mutuels du Loiret*, a pour but de relier les Sociétés mutuelles, d'organiser la mise en subsistance de leurs membres, d'étudier en commun toutes les questions pouvant amener une amélioration et la mise en application des cas prévus par l'article 8 de la loi du 1ᵉʳ avril 1898, de défendre leurs intérêts moraux et financiers, de travailler à la propagande des idées mutualistes, de donner tous les renseignements utiles pour la formation de nouvelles Sociétés ou la fusion de celles existantes, de constituer une commission d'arbitrage amiable pour l'apaisement des contestations qui peuvent surgir entre les Sociétés et leurs membres ou entre les Sociétés elles-mêmes, et enfin de représenter les Sociétés auprès des pouvoirs publics.

Elle est administrée par un Conseil composé en 15 membres.

L'Union des travailleurs de l'arrondissement d'Orléans (Patrons, ouvriers, employés, cultivateurs et vignerons). — *Société de secours mutuels avec caisse de chômage et de retraite.* Président : M. A. GUY, ✿.

Peuvent adhérer à la Société sans payer de droit d'entrée, les jeunes gens ayant fait partie de la Mutualité scolaire à leur sortie de l'école, les adultes âgés de moins de 45 ans.

La cotisation mensuelle est de 2 francs. Cette somme se divise en trois parties : la première, celle de 1 franc, est spécialement affectée au paiement des médicaments, des visites des médecins et à l'indemnité journalière ; la deuxième partie, 50 centimes, est affectée à la constitution d'un fonds commun de retraite ; la troisième partie, 50 centimes, est versée sur le livret individuel de retraite.

Les Sociétaires touchent : en cas de maladie, les frais médicaux et pharmaceutiques et une indemnité journalière de 1 franc ; en cas de chômage involontaire, une indemnité proportionnée aux besoins du Sociétaire et aux ressources de la Société ; après 55 ans d'âge, une retraite.

En cas de décès d'un Sociétaire avant l'âge de sa retraite, un secours est accordé à sa veuve.

CHAPITRE V

ŒUVRE DE PRÉSERVATION ET DE RELÈVEMENT

Comité de défense des enfants traduits en justice de Paris.
Siège social : 12, *cité Vaneau*. Secrétaire général : M. Paul FLANDIN.

Le *Comité de défense des enfants traduits en justice* a été fondé
en 1890 par des hommes qui, comme M. le bâtonnier Cresson et
M. Adolphe Guied, membre de l'Institut et alors juge d'instruction, étaient pénétrés de la pensée d'employer l'action de la justice au relèvement moral de l'enfant arrêté.

Le Comité est une société d'études et tient des réunions men-
suelles sous la présidence du bâtonnier de l'Ordre des Avocats à
la Cour d'appel. Il compte parmi ses membres des magistrats,
des avocats, des fonctionnaires, des délégués de l'Assistance
publique, de la Préfecture de police et de l'administration pénitentiaire, des représentants des corps élus et des patronages.

Il a organisé un sous-comité des défenseurs composé des
jeunes avocats chargés par M. le bâtonnier de la défense des
enfants traduits en justice.

Le nombre des affaires d'enfants déjà examinées par le sous-
comité des défenseurs s'élève actuellement à 1.260.

**Comité de défense et de protection des enfants traduits en
justice du Havre.** — Siège social : *Palais de Justice du Havre*.
Président : M. BODEREAU, avocat.

Cette Association a pour but de prendre la défense des
mineurs de seize ans, des deux sexes, poursuivis devant les
Tribunaux ou simplement arrêtés par la police, et d'aider à leur
relèvement moral par tous les moyens de patronage, notamment en assurant leur placement soit directement, soit par l'intermédiaire des Sociétés ou Œuvres spéciales.

Maison de travail pour le département de la Seine. — Siège social : 1, 3 *et* 5, *rue de Choisy* à Thiais (Seine). Président du Comité de direction : M. Louis ANDRÉ.

Rôle de l'Œuvre. — Fondée en 1903, sur l'initiative des magistrats du Parquet de la Seine, la *Maison de travail* est, pour ainsi dire, *l'annexe charitable du Tribunal de la Seine :* des divers services du tribunal (spécialement du petit Parquet) y sont dirigés les individus qui, inculpés de délits peu graves (tels que vagabondage, mendicité), et jugés plus misérables que coupables, sont remis en liberté sans avoir été condamnés et paraissent susceptibles de se relever par le travail.

But et moyens d'action. — L'Œuvre a pour but d'assurer à ses protégés, au point de vue moral et matériel, une aide efficace et de favoriser leur relèvement social.

Voici ses moyens d'action : 1° après une période d'épreuve d'éliminatoire elle admet, sous la condition du travail, les hommes *de bonne volonté,* à une hospitalisation d'une durée de *six mois* (au maximum); 2° elle leur procure un placement, ou bien elle les rapatrie, ou bien elle facilite leur engagement volontaire dans l'armée.

Résultats obtenus en 1904. — En 1904, la *Maison de travail* a abrité 476 hospitalisés. Situation pénale : 96 % n'avaient jamais subi aucune condamnation à l'emprisonnement. Sur les 476, 299 ont été admis à contracter l'engagement de séjour de six mois, et voici quel a été leur sort :

Placés.	67
Rapatriés.	36
Engagés dans l'armée	13
Pourvus, après leur séjour de six mois, d'un pécule (dû à leur travail), qui, pour certains, s'est élevé, à plus de 200 francs et a été, en moyenne, de 44 fr. 25	23

Soit 46 %

Œuvre de préservation sociale. — Société de protection des engagés volontaires élevés sous la tutelle administrative. Reconnue d'utilité publique. — Siège social, 11 *bis, rue de Milan,* Paris. Président : M. Félix VOISIN.

La Société de protection des engagés volontaires élevés sous la tutelle administrative a 27 ans d'existence ; elle a été reconnue comme établissement d'utilité publique par décret du 8 août 1881 ; elle étend à l'heure actuelle sa sollicitude sur 3.324 jeunes gens : jeunes détenus, enfants assistés, enfants moralement abandonnés, mineurs condamnés.

Elle constitue une œuvre de préservation sociale et devient une famille pour ceux de ses pupilles qui n'ont pas de parents ou dont les parents sont impuissants à protéger leur jeunesse.

Œuvre des Libérées de Saint-Lazare. — Fondée par Mlle MICHEL DE GRANDPRÉ, en 1870. Reconnue d'utilité publique. *Patronage des femmes libérées. Asiles temporaires pour femmes et enfants.* — Président de l'Œuvre : M. Léon BOURGEOIS. Directrice générale : Mme Isabelle BOGELOT.

L'Œuvre a pour but : 1° de préserver la femme en danger de se perdre ; 2° de fournir aux libérées les moyens de se relever, sans distinction de culte ni de nationalité.

L'Œuvre ne fait donc pas d'une condamnation la condition indispensable pour obtenir son appui. Elle s'efforce de venir au secours des libérées, de les assister, de leur faciliter le rapatriement, la réconciliation avec leur famille ; elle les aide à trouver du travail, en un mot, leur facilite une rentrée dans la vie honnête et laborieuse par des visites dans les prisons, des conseils, des secours en argent mais rarement, par des vêtements, etc., et sitôt la libération, par le séjour dans les asiles et les démarches de la directrice, de la secrétaire des dames patronnesses.

Les ressources de l'œuvre se composent :

1° Des cotisations des membres adhérents ;

2° Des subventions données annuellement par le ministère de l'Intérieur, le Conseil général de la Seine et le Conseil municipal de Paris ;

3° De l'intérêt des sommes versées par les membres fondateurs et bienfaiteurs ;

4° Des sommes remboursées par des protégées.

Œuvre de préservation et de réhabilitation pour les jeunes filles de 15 à 25 ans. — Reconnue d'utilité publique. — Siège social : 3, *rue François I*, Paris. Présidente : Mme LANNELONGUE,

Cette *Œuvre* se propose de faire rentrer et de maintenir dans les habitudes d'une vie honnête, laborieuse et chrétienne, les jeunes filles que l'abandon, la misère, ou une première faute entraînent à leur perte.

Son patronage s'exerce en faisant visiter par les dames de l'*Œuvre* les jeunes filles détenues au Dépôt ou dans les Prisons ; en prêtant son concours aux magistrats et à l'administration pénitentiaire pour favoriser toutes les mesures tutélaires de nature à amener le salut de ces jeunes filles ; en recevant gratuitement dans un asile temporaire ouvert à Clichy (98, boulevard de Lorraine) celles de ces jeunes filles qui ont été l'objet d'ordonnances de non-lieu ; celles condamnées avec le bénéfice de la loi de sursis ; les prisonnières qui ont achevé leur peine et celles pour lesquelles le patronage aurait obtenu la suspension de leur peine ou la liberté conditionnelle.

Les jeunes filles reçoivent une éducation, morale et professionnelle, dans le but d'être placées. Elles continuent à être visitées et patronnées par l'Œuvre.

Les ressources de la Société se composent jusqu'à présent, uniquement des cotisations de ses membres.

Société de Patronage des Détenues, des Libérées et des Pupilles de l'Administration pénitentiaire. — Siège social : 21, *rue Michel-Bizot*, Paris. Présidente : Mme Paul DE SCHLUMBERGER.

L'Association de la *Société de Patronage des Détenues et des Libérées*, fondée en mai 1890, a pour but le relèvement des femmes et des mineures, détenues ou libérées, sans distinction de culte et de nationalité. Elle visite les détenues en prison, se met en rapport avec la famille et les patrons, et suit les libérées à la sortie de prison, soit que celles-ci aient bénéficié d'un non-lieu, de la loi suspensive de la peine, d'une libération conditionnelle ou provisoire ; qu'elles aient obtenu leur grâce, ou qu'elles soient parvenues au terme légal de leur peine.

L'Association se propose de ramener les détenues et les libérées à des habitudes d'existence honnête, régulière et laborieuse. Des asiles sont ouverts à cet effet. Les femmes et les jeunes filles y sont admises à titre temporaire, jusqu'à leur placement conformément à leurs aptitudes, à leur retour dans la famille ou à leur rapatriement.

L'Association favorise la création en province de sections de patronage qui s'administrent elles-mêmes et ont leurs finances indépendantes.

L'Association se compose de membres actifs et de membres bienfaiteurs.

Société des visiteurs. — Siège social : 5, *rue de Poitiers*. Président d'honneur : M. SULLY PRUDHOMME, de l'Académie française.

But. — L'objet de la Société est de préserver de la misère définitive : elle intervient pécuniairement en faveur de ceux qui ont besoin d'une aide temporaire pour échapper à l'indigence et en procurant un emploi, si le chômage est la cause de la misère.

La Société laisse en dehors de son action tous ceux qui sont incapables de travailler et ne peuvent ou ne veulent vivre que d'aumônes.

Caractère. — La Société fait appel aux personnes soucieuses de remplir leur devoir de solidarité sociale, et qui ont reconnu l'insuffisance de l'effort individuel en matière d'assistance. Elle associe et organise les bonnes volontés, dont elle multiplie ainsi la puissance.

Elle se tient en dehors de toutes questions politiques et religieuses.

Elle recherche la coopération des diverses œuvres et institutions publiques et privées.

Mode d'action. — La Société accepte tous les concours et sous toutes les formes. Elle se compose de membres bienfaiteurs et de membres actifs ou visiteurs.

Les Visiteurs voient, à domicile, les familles qui sont adoptées après enquête, ils apportent à chacune d'elles l'appui moral ou matériel reconnu le plus efficace, sans se cantonner dans un mode unique d'assistance : placement, avances d'argent, dons de vêtements, recommandations aux œuvres spéciales et aux diverses administrations, etc.

Le secours pécuniaire est donné en principe sous la forme d'un prêt gratuit, aussi élevé que possible, accordé en vue d'un besoin déterminé et remboursable par acomptes.

Union des Sociétés de Patronage de France (Patronage des Libérés. Défense des Enfants traduits en justice). — Secrétariat général : 31, *rue Washington*. Paris.

L'*Union* a pour but de grouper les Sociétés françaises de patronage en vue de faire profiter chacune d'elles de l'expérience de toutes les autres, et de faciliter, par l'établissement de rapports réguliers, le sauvetage des enfants traduits en justice et le placement des libérés.

Elle provoque et facilite la création d'œuvres nouvelles par l'envoi de tous renseignements, documents, modèles de statuts.

Elle représente les intérêts généraux du patronage devant l'opinion et les pouvoirs publics et s'efforce de le seconder par tous les moyens en son pouvoir.

L'*Union* offre son concours sans l'imposer. Elle n'est pas une œuvre directe de patronage, mais un instrument d'information, de propagande et d'aide mutuelle. Elle n'intervient en rien dans le fonctionnement intérieur des Sociétés, qui conservent leur indépendance absolue.

L'*Union* est administrée par un bureau central.

Le bureau central se tient en relations régulières avec les Sociétés adhérentes pour leur servir de lien.

Il centralise les comptes rendus qui lui sont envoyés par les sociétés-membres.

Il réunit les informations techniques, législatives et statistiques, relatives à l'œuvre du patronage, tant en France qu'à l'étranger, et les publie dans le Bulletin de l'*Union*.

Il fait aux sociétés des communications et sollicite leurs études sur les questions intéressant le patronage en général.

L'Abri, Société de secours à l'époque du terme. —Siège social :
3, *quai Voltaire*, Paris.

L'Abri laissant à ses aînées le soin de poursuivre leur œuvre propre, se propose d'intervenir exclusivement à l'époque du terme. Elle ne prétend pas, — il est nécessaire de le dire — solder indistinctement tous les termes impayés ; quand elle verra son intervention impuissante à maintenir les indigents dans le logement qu'ils occupent, elle emploiera ses ressources à recueillir les expulsés et à leur assurer ailleurs un nouveau foyer. Elle aura atteint son but, si tant de vieillards, tant d'infirmes, tant de déshérités échappent, par son aide, à l'affreuse angoisse des lendemains sans gîte.

Pour y arriver, la Société fait appel à toutes les bonnes volontés ; elle ne demande pas à ses adhérents un engagement de souscription fixe. Elle se propose de grouper toutes les personnes charitables, sans acception de fortune, dans un effort commun : elle accueillera avec une égale gratitude toutes les offrandes.

Œuvre d'initiative privée, la Société est résolue à éviter les frais et les charges d'une administration compliquée ; elle compte sur le zèle et l'activité des Dames patronnesses pour mener à bien la double tâche, si délicate, des enquêtes et des distributions de secours.

Elle prévoit dès maintenant des organisations locales par arrondissements et par quartiers.

CHAPITRE VI

HYGIÈNE SOCIALE (LUTTE CONTRE LE TAUDIS, L'ALCOOLISME, LA TUBERCULOSE)

L'Air pur. — Siège social : 132, *rue Cardinet*, Paris.

L'*Air pur*, œuvre de développement physique des enfants de Paris, créée en 1902 par MM. Laurent, Dr Boureille, Blondel, a pour but d'envoyer :

1° Chaque année, pendant 21 jours, les enfants pauvres des deux sexes de Paris à la mer ou à la campagne ;

2° Chaque dimanche et chaque jeudi, du printemps à l'automne, ces mêmes enfants aux bois qui avoisinent Paris ;

3° De développer la pratique des sports chez les enfants.

L'*Air pur* cherche à arracher les enfants pauvres de Paris à la rue et aux mauvais exemples qu'ils ne manquent pas d'y rencontrer. L'Œuvre a pour but également de leur donner, le plus souvent possible, l'air qui leur fait défaut dans les logis misérables de leurs parents.

L'*Air pur* traite le moral par le physique, et rêve de transformer les petits gamins quinteux et sales qui pullulent dans les quartiers pauvres en citoyens honnêtes et musclés.

Œuvre du traitement quotidien et gratuit des tuberculeux pauvres. Siège social : 132, *rue Cardinet*, Paris XVIIIe. — Dispensaire anti-tuberculeux : 64, *boulevard Garibaldi*, Paris.

Fondée en 1892, et reconstituée entièrement en 1902 par le Dr Boureille, cette Œuvre a pour but d'assurer l'assistance médicale et sociale aux tuberculeux pauvres, de prévenir la contagion dans la classe pauvre, d'organiser dans ce milieu l'éducation anti-tuberculeuse, de créer des centres anti-tuberculeux à Paris, en banlieue et en province.

Sa première manifestation est le *Dispensaire anti-tuberculeux*.

sis **61, boulevard Garibaldi. Médecin-directeur : Dr Boureille.**

Le dispensaire examine chaque malade médicalement par ses médecins, et socialement par son enquêteur à domicile, aux points de vue de l'habitation, de l'alimentation et du travail.

Les résultats ont été les suivants en 1903, sur 200 familles :

Au point de vue médical : morts, aggravés et stationnaires 43, soit 21,5 %; améliorés beaucoup et guéris 147, soit 73,5 %.

Au point de vue social : 26 familles ont déménagé vers des logements salubres; 14 employés ont obtenu de 1 à plusieurs mois de congé payés à la campagne; un patron a réduit les heures de travail; 31 ouvriers ont obtenu un séjour gratuit de 1 à 5 mois à la campagne; 10 familles ont habité définitivement la campagne; 3 malades ont été envoyés aux stations thermales; 4 familles ont été complètement assistées pendant plusieurs mois.

Au point de vue bactériologique : grâce aux mesures prises, en 1903 aucun cas nouveau de tuberculose n'a été constaté dans les familles surveillées.

En 1904, un nombre considérable de logements ont été signalés à la commission des logements insalubres, et les réparations urgentes effectuées. Nous avons procuré des secours à presque toutes les familles examinées.

Le Pr Calmette, directeur de l'Institut Pasteur de Lille, a accordé son haut patronage au dispensaire anti-tuberculeux, 61, boulevard Garibaldi.

Alliance d'Hygiène sociale. *Comité du Pas-de-Calais.* — Secrétariat : 37, *rue d'Amiens,* Arras.

A l'instigation de deux administrateurs éminents, MM. les préfets Alapetite et Dureault, le département du Pas-de-Calais a été le premier à organiser l'assistance de la vieillesse, puis la protection des enfants du premier âge.

Ainsi que le montre le cartogramme exposé, les consultations de nourrissons se multiplient sur toute la surface du département, principalement dans les villes et dans le bassin houiller où, si la natalité est grande, la mortalité infantile atteint des proportions souvent effrayantes; il suffit, pour s'en rendre compte, de jeter un coup d'œil sur les diagrammes exposés.

Ces diagrammes indiquent d'ailleurs, pour la période comprise entre 1897 et 1901, l'importance relative des trois causes principales de décès pour les enfants de 0 à 1 an : gastro-entérite, maladies des voies respiratoires, débilité congénitale.

Un autre diagramme montre quels sont les ravages causés par la tuberculose, parmi les populations aussi bien rurales qu'urbaines et minières.

Un dernier diagramme pose l'affligeant problème de l'alcoolisme : on y verra le nombre parfois stupéfiant de cabarets qui existent dans les agglomérations industrielles.

Pour combattre la tuberculose, la mortalité infantile, etc., un Comité vient de se former dans le Pas-de-Calais. Ce Comité, présidé par M. le sénateur Viseur, est affilié étroitement à l'*Alliance d'Hygiène sociale*. A la veille d'engager la lutte, il lui a paru utile de montrer toute l'étendue du mal et de mettre en regard les efforts déjà accomplis afin de bien mesurer sa tâche.

OBJETS EXPOSÉS

Diagrammes :

I. — Natalité, mortalité globale, mortalité infantile et ses causes principales, pour la moyenne des années 1897 à 1901 :

a) Pour le Pas-de-Calais, ses arrondissements, ses cantons; *b*) pour l'ensemble des communes rurales du département, de chaque arrondissement; *c*) pour l'ensemble des villes du département, de chaque arrondissement et pour les villes principales.

II. — Statistique comparée de la natalité et de la mortalité globale et infantile, pour les arrondissements, villes principales et ensemble des communes rurales, concernant la moyenne quinquennale 1897-1901 et les années 1902, 1903 et 1904.

III. — Statistique du nombre des décès par tuberculose comparé au chiffre de la mortalité infantile pour les huit premiers mois de 1904 :

a) Comme ci-dessus ;

b) Id.

c) Id.

IV. — Nombre de cabarets :

a) Comme ci-dessus;

b) Id.

c) Id.

Cartogramme indiquant les consultations de nourrissons fonctionnant ou en projet, maternités, crèches, jardins ouvriers, etc.

Notices et plans relatifs à des types de consultations de nourrissons :

Boulogne. — M. le Dʳ Aigre ;

Arques. — M. le docteur Alexandre ;

Harles. — M. le Dʳ Hernu ;

Liévin. — M. le Dʳ Lequette ;

Billy-Montigny. — M. le Dʳ Lourties ;

Oignies et Libercourt. — M. le Dʳ Razemont ;

Harnes. — M. l'abbé Darras, desservant ;

Avion. — Mme Legrand, institutrice;

Arras. — M. le Dʳ Bressart;

Inchy-en-Artois. — M. le Dʳ Dumont;

Production de lait de nourrissons. — Notice et récipients.

Association des cités-jardins de France. — Siège social : 43, *rue du Rocher*, Paris. Président : M. D'ESTOURNELLES DE CONSTANT, député. Secrétaire général : GEORGES BENOIT-LÉVY.

Cette association a pour but d'appliquer à l'habitation les derniers principes de l'hygiène; d'aider les industriels à établir leurs usines dans des conditions avantageuses pour eux et saines pour les ouvriers; d'encourager la création de cités-jardins.

Association de la Jeunesse française tempérante. — Président : M. le Dʳ J. ROUBINOVITCH, médecin de la Salpêtrière. Secrétariat général : 115, *faubourg Poissonnière*, Paris.

But : Préserver les enfants des effets de l'intoxication alcoolique. *Moyens* : Conférences dans les écoles, fondation de groupes de Tempérance, publication d'un organe, mensuel

La Jeunesse, exercices physiques. *Résultats* : 200 adhérents en 1896, 2000 en 1904.

Société des Habitations économiques de la Seine. — Siège social : 22, *rue Rochechouart*, Paris.

Créée en 1892, sous le nom de *Société des Habitations économiques de Saint-Denis*, a construit, de 1893 à 1903, quatre groupes de maisons à six étages et à un étage pour une famille. Ces maisons ont été louées à des ouvriers et petits employés de façon à retirer 3,50 % des capitaux engagés.

En 1903, suivant invitation du Comité des *habitations à bon marché du département de la Seine*, la Société a étendu son action à tout le département de la Seine, et elle a construit à Paris, rue Gerbier, un nouveau groupe de maisons, sur un terrain qui lui a été cédé par le Conseil général de la Seine, à un prix modique.

La Société expose les plans de ses groupes et une notice relative à son fonctionnement.

Comité des habitations à bon marché du département de la Seine. Siège : Hôtel de Ville, *place Lobau*, Paris.

Le Comité a été créé en vertu de la loi du 30 novembre 1894 sur les habitations à bon marché.

Il a organisé des concours entre propriétaires d'habitations à bon marché; il a provoqué la création de plusieurs sociétés en donnant des subventions aux organisateurs; il donne des renseignements aux personnes qui veulent construire.

Le Comité expose une collection de plans de maisons modèles, son bulletin et ses brochures de propagande, les plans des maisons primées en 1900 et 1904.

EMILE CACHEUX :

Ouvrages. *Les Habitations ouvrières en tous pays.* — Texte et atlas de 72 planches.

L'Économiste pratique. — Texte de 815 pages. Atlas de 76 pages. (Crèches, écoles, habitations ouvrières. — Hôtels meublés. — Sociétés d'ouvriers, hôpitaux, etc.)

Supplément des Habitations ouvrières en tous pays. — 8 châssis de 1×0.75 représentant les meilleurs types d'habitations à bon marché susceptibles d'être vendues par annuités à des ouvriers ou petits employés.

Manuel du sauveteur. — 10 châssis de 1×0.75 indiquant la marche à suivre pour venir utilement en aide aux personnes en danger dans n'importe quelle circonstance.

M. E. Cacheux s'est consacré spécialement à la propagation en France de la petite propriété.

La Chaumière. — *Société coopérative pour la construction d'habitations à bon marché aux ouvriers et employés de l'Imprimerie Nationale.* Siège social : 87, *rue Vieille-du-Temple.* Paris. Président : M. DELESTRE.

La Société a pour objet exclusif de procurer à des personnes n'étant propriétaires d'aucune maison, notamment à des ouvriers et employés de l'Imprimerie Nationale, des maisons salubres et à bon marché construites ou acquises à Clamart et dans son rayon.

Bureau de bienfaisance de Gand (Belgique).

Règlement sur les concours de propreté organisés entre les ménages secourus, diplôme et objets mobiliers remis en prix aux vainqueurs.

Photographie d'un groupe de maisons dont l'occupation est accordée gratuitement à des ménages de vieux conjoints nécessiteux.

Organisation d'une Œuvre d'assistance maternelle destinée à combattre la mortalité chez les enfants du premier âge. Règlement de l'œuvre, photographie des locaux, groupe des élèves du cours de puériculture, groupe des mères protectrices et des nourrices sèches de l'œuvre.

Photographies représentant la préparation du lait maternisé et stérilisé, distribué gratuitement aux indigents ou mis en vente à bas prix dans différents quartiers de la ville.

Photographies représentant la traite aseptique pour la consommation du lait cru, appareils destinés à cet usage.

Tableaux représentant les portraits des enfants élevés par l'Œuvre.

Tableau contenant des photographies d'enfants misérables, atrophiques, traités au lait maternisé, au babeurre nutricia, etc., et montrant les résultats obtenus.

Deux grands tableaux contenant les épreuves diapositives pour projections lumineuses, employées au cours de puériculture pour fillettes et au cours spécial pour nourrices sèches.

Club athlétique de la Société Générale. — 54, *rue de Provence*, Paris.

Le *Club Athlétique de la Société Générale* a été fondé le 2 novembre 1903. Il a pour but : 1° de resserrer les liens de camaraderie entre les employés de tous grades de la Société Générale ; 2° d'occuper leurs loisirs par d'utiles et saines distractions ; 3° de les faire profiter des bienfaits de la vie en plein air et de la pratique des efforts en commun. A la fin de 1904, c'est-à-dire après une année d'existence, le nombre de ses membres atteint le chiffre de 1.250, et il a été organisé 84 épreuves, concours et excursions. Actuellement se poursuit la constitution de 26 groupes régionaux entre lesquels sont répartis tous les guichets de la Société Générale. Une telle vitalité est due, en grande partie, au concours bienveillant de la direction et du haut personnel de cet établissement financier.

Dispensaire « Emile Roux » pour la prophylaxie de la tuberculose. — 12, *boulevard Louis XIV*, Lille (Nord).

Fondé le 1er février 1901 par M. le professeur Calmette, directeur de l'Institut Pasteur de Lille, à l'aide de fonds recueillis par souscription publique, d'une subvention municipale et d'une subvention de la commission de répartition des fonds du Paris mutuel.

Consultations médicales gratuites pour ouvriers atteints ou suspects de tuberculose.

Distribution de secours à domicile par les soins de l'Administration du Dispensaire (lait, œufs, charbon, viande, bons de loyer).

Distribution gratuite de crachoirs, d'antiseptiques et d'huile de foie de morue.

Distribution de vêtements, lits et objets de literie.

Blanchissage gratuit du linge des malades et de celui de leurs familles.

Assainissement des logements; lavage des planchers au chlorure de chaux et badigeonnage des murs au lait de chaux.

Le principe de l'Œuvre est de substituer à l'influence médicale directe celle de l'ouvrier-enquêteur, moniteur d'hygiène, chargé d'aller faire à domicile l'éducation hygiénique du malade et de son entourage.

Nombre d'enquêtes effectués de 1901 à 1904 inclus, 2.150.

Nombre de familles assistées (durée de l'assistance : deux à huit mois), 747.

Projet pour la construction d'un dispensaire antituberculeux « Type du professeur Calmette », exécuté par M. Bliault, architecte du Gouvernement et du Musée social.

Comprenant :

1º Une salle d'attente, décorée de maximes antialcooliques et communiquant avec;

2º Le poste d'enquêteur, contenant une bascule, une toise, les crachoirs, les fiches de contrôle, etc;

. 3º Le cabinet du docteur comprenant chambre noire pour l'examen du larynx;

4º Un service de blanchisserie et de séchoirs.

Dispensaire antituberculeux du XIIᵉ arrondissement.
2, *quai de la Râpée.* Président : M. Jean Colly.

Dispensaire Jouye-Taniès. — 190, *rue des Pyrénées*, à Paris.

Cet établissement, édifié et alimenté en partie avec des fonds provenant de deux legs faits à la ville de Paris, est en même temps un sanatorium populaire et un dispensaire.

Il est, en effet, organisé pour procurer gratuitement aux malades tuberculeux, reconnus susceptibles d'une guérison rapide, la cure de repos et d'alimentation capable de donner ce résultat ; et soixante malades, femmes, hommes et enfants, y font actuellement la cure de chaise-longue dans ses galeries et sur ses terrasses-jardins.

D'autre part, comme dispensaire, il donne gratuitement des consultations et des médicaments aux si nombreux indigents tuberculeux qui peuplent le XXᵉ arrondissement et les arrondissements voisins.

Son action, au point de vue de l'hygiène sociale, réalise d'ailleurs toutes les indications de la lutte contre la tuberculose dans les grandes villes.

Pénétrant dans les misérables logis des malades par le moyen d'un assistant-enquêteur, il y fait procéder à la désinfection nécessaire, il y installe les pratiques d'hygiène élémentaire, il organise la stérilisation méthodique du linge et de l'expectoration, il distribue enfin les secours alimentaires, vestimentaire et mobiliers que ses ressources mettent à sa disposition.

Cet établissement, administré par une société privée, est encore unique en son genre dans le monde entier.

Dispensaire anti-tuberculeux de Lyon.

En 1900 a été fondé à Lyon un Institut bactériologique qui a été reconnu d'utilité publique le 22 juin 1903 sous le titre :

Association pour favoriser les applications de la Bactériologie dans la région lyonnaise à la médecine, à l'industrie et à l'agriculture.

Cet Institut est dirigé par les professeurs Arloing et J. Courmont.

Il comprend plusieurs sections.

Le *Dispensaire antituberculeux* a été fondé sur les principes de celui de Calmette à Lille, c'est-à-dire en vue d'assurer non seulement le traitement et l'assistance du tuberculeux, mais aussi et surtout l'hygiène et la prophylaxie dans l'entourage du tuberculeux.

Un bâtiment spécial, presque luxueux, a été édifié, au voisinage de la Faculté de Médecine, rue Chevreul.

Au rez-de-chaussée :

Une buanderie modèle, un établissement complet d'hydrothérapie, un local pour conserver le lait.

Au premier étage :

Salle d'attente, vestiaires, salle de consultation, salle de radioscopie, bureau de l'enquêteur, laboratoires, etc.

Deux planches figurent la coupe de ces deux étages.

Au-dessus, le logement du personnel.

Pour le fonctionnement, on n'a qu'à se reporter à celui du dispensaire Calmette.

La Femme tuberculeuse. — Œuvre de préservation et d'assistance anti-tuberculeuses en faveur des ouvrières de Paris. — Siège social : 7, *rue de Magdebourg*, Paris-XVIe.

Fondée en octobre 1903, l'association s'est proposé pour but de pénétrer dans les milieux populaires et d'y dépister les jeunes filles ou jeunes femmes qui, épuisées par le travail ou convalescentes affaiblies par une maladie récente, lui sont désignées par les médecins comme victimes prochaines du fléau tuberculeux.

L'Œuvre les prend et leur assure gratuitement les mois de repos nécessaires, en les faisant vivre hors de Paris, dans un air salubre. Elle ne les rend au travail que valides et robustes.

Administrée par un Conseil, sous la présidence de M. le sénateur Paul Strauss et la vice-présidence du Dr Maurice Letulle, médecin des hôpitaux de Paris, l'Œuvre a créé deux établissements qui fonctionnent depuis avril 1904 : l'un à Champeaux, près Royat (Puy-de-Dôme), à 820 mètres d'altitude, avec 10 lits ; l'autre, à Fresnes-lès-Rungis (Seine), qui donne 16 lits à l'Œuvre.

Le budget de l'Œuvre est alimenté par des dons et des versements annuels, auxquels coopèrent, en particulier, plusieurs maisons de couture.

La campagne 1904 (avril-décembre) a donné 3.031 « journées de repos », réparties sur 37 jeunes filles ou jeunes femmes, toutes fort améliorées grâce au régime hygiénique, à la bonne alimentation, au repos et à l'éducation ménagère et intellectuelle.

La dépense totale, par journée de repos, ne dépasse pas 3 fr. 25 centimes.

Ligue anti-alcoolique. — Siège social : 107, *boulevard Magenta*, Paris. Président d'honneur : M. le Dr LANCEREAUX, O. ✻.

Fondée à Paris, en 1896, par M. F. Schaer-Vézinet, la *Ligue anti-alcoolique* s'est d'abord consacrée au relèvement des alcooliques sortant des Asiles d'Aliénés, en créant une Maison d'Assistance par le travail. En 1899, elle a créé une Ecole d'enseignement anti-alcoolique et a organisé des Conférences populaires avec projections et attractions diverses.

Le journal hebdomadaire *La Prospérité* est l'organe de la Ligue ; elle a, en outre publié : 25.000 brochures illustrées (de propagande) et un million de petites Etiquettes gommées au dos, avec des textes brefs, incisifs contre l'alcoolisme, destinées à être collées un peu partout.

La Ligue a créé, en 1901, un mouvement anti-alcoolique parmi les agents des chemins de fer, qui a fait de rapides progrès, puisque, en moins de deux ans, près de trois mille adhérents ont été recrutés.

En même temps que les principes de la *Sobriété*, la *Ligue anti-alcoolique* vulgarise l'hygiène générale et encourage les viticulteurs à stériliser le jus du raisin, avant la fermentation, pour rendre impossible, la production d'alcool et sauvegarder dans ce jus tous les principes nutritifs d'hygiène et d'arome.

Pour tous renseignements s'adresser au siège social.

La Fédération des Sociétés Coopératives d'habitations ouvrières et à bon marché. — Siège social : 5, *rue Las-Cases*, Paris.

Le but poursuivi par cette *Fédération* est celui-ci :

1° L'étude en commun des modifications à apporter, dans l'intérêt des travailleurs, à la loi du 30 novembre 1894;

2° La défense en commun des intérêts des Sociétés contractantes;

3° La pénétration au sein du Comité supérieur, du Comité départemental, de la Société française et de la Société de crédit des habitations à bon marché des représentants de la *Fédération*.

La *Fédération* a groupé les Sociétés suivantes : La Famille, de Puteaux; La Mutuelle-Habitation, de Paris; La Chaumière, de Paris; Le Toit familial, d'Asnières; La Maison pour Tous, de Paris; La Famille, de Saint-Maur; La Maisonnette des Téléphones, de Paris; Les Plages familiales et ouvrières de France; Le Cottage, de Saint-Maur.

Depuis sa fondation, elle a organisé de nombreuses conférences et a pris l'initiative d'un Congrès national qui sera tenu à Paris, dans le premier semestre de la présente année.

Le Conseil fédéral est composé des délégués de toutes les Sociétés adhérentes.

Pour tous renseignements, écrire à M. Stürzer, secrétaire, 12, sente des Loges, à Puteaux, (Seine).

Ligue de défense contre la tuberculose dans le département du Loiret. — Reconnue d'utilité publique.

Cette Société fondée à Orléans le 5 mars 1898, a pour but :

1° De vulgariser dans le public, par le moyen de Conférences et de brochures, les connaissances nécessaires pour lutter contre la propagation de la tuberculose dans les familles et la Société;

2° De fonder et d'entretenir dans le département du Loiret un ou plusieurs établissements destinés à traiter les tuberculeux pauvres de ce département.

La Ligue comprend 2.800 sociétaires. Elle est administrée par un Conseil composé de 27 membres.

Le Sanatorium du Loiret, sis à Chécy (station du Godet, ligne d'Orléans à Gien), est ouvert aux malades depuis le 15 janvier 1902.

Ligue française du coin de terre et du foyer. — Siège social : 26, *rue Lhomond*, Paris. Président : M. l'abbé LEMIRE, député.

Œuvres principales. — Jardins ouvriers, jardins scolaires, militaires, coloniaux, etc. Assistance par le travail de la terre. Habitations ouvrières saines. Caisses de loyer. Epargne et dot terrienne. Education familiale. Ecoles ménagères. Industries familiales. Art et hygiène du foyer. Bien de famille, exempt d'impôts, insaisissable et transmissible sans frais ni partage forcé.

Moyens d'action. — Conférences. Comités locaux. Diffusion de tracts. Réunions.

Revue. — Le principal moyen d'action est la Revue *Le Coin de terre et le Foyer*, qui est mensuelle. Bureaux : 26, rue Lhomond, Paris. Abonnement : 5 francs. Elle publie des articles concernant toutes les œuvres de la Ligue. Elle est à sa neuvième année.

Conditions. — Est membre fondateur de la Ligue quiconque verse 100 francs, membre participant 12 francs, adhérent 1 franc.

Les Jardins ouvriers de Paris et banlieue. — Siège social : 36, *rue Lhomond*, Paris.

But de l'Œuvre. —Mettre à la disposition d'ouvriers chargés de famille à titre gratuit, ou moyennant une légère redevance, des terrains destinés à être cultivés par eux et à leur profit.

Historique. — Commencée par Mme Hervieu, à Sedan, sous le nom de Reconstitution de la famille, appelée Œuvre des jardins ouvriers par le Dr Lancry de Dunkerque, propagée par la Ligue du coin de terre, elle prit part à l'Exposition de 1900 (elle avait 33 œuvres), tint un Congrès en 1903 (elle avait 134 groupes), aujourd'hui elle en compte 170. Elle est imitée en Allemagne, en Hollande, en Suisse, etc.

Organisation. — L'Œuvre est faite par des particuliers (Sceaux) par des associations (loi de 1901), par des Conférences de Saint-Vincent-de-Paul, des bureaux de bienfaisance, des municipalités par des sociétés d'horticulture, etc.

Résultats. —Un jardin de 10 francs produit 60 francs de légumes.

Il est la villa du pauvre. Il diminue l'alcoolisme, la tuberculose, la mortalité infantile. On y annexe les fenêtres fleuries, des caisses de prévoyance, des coopératives pour achat de graines, des jardins scolaires ou militaires, la dot terrienne, des maisons ouvrières, un dispensaire, une salle de conférences, etc.

Bibliographie. — Le compte rendu du Congrès de 1903, par M. l'abbé Lemire et M. Rivière, donne tous les documents sur l'œuvre, historique, exposé des développements, modèles de statuts, œuvres existantes etc. Prix : 3 francs.

Ligue Nationale contre l'alcoolisme. — (*Société Française de Tempérance*). — Président : M. Emile CHEYSSON, membre de l'Institut.

La *Ligue Nationale* a pour but de provoquer, de grouper et de coordonner toutes les initiatives locales et isolées qui se proposent de combattre l'alcoolisme, quels que soient d'ailleurs leur programme et leur mode d'action et tout en respectant leur complète autonomie.

Elle-même se borne à recommander, non l'abstinence totale, mais la tempérance. Si elle proscrit l'alcool, les liqueurs, les apéritifs, l'absinthe, elle admet l'usage modéré des boissons fermentées (vin, bière, cidre).

En vue d'enrayer l'alcoolisme, elle institue des conférences, elle répand par milliers des publications et des affiches.

Elle accorde des récompenses aux personnes de toutes conditions qui ont rendu des services signalés à la tempérance, soit par leur exemple, soit par leur propagande.

Elle intervient auprès des administrations et des pouvoirs publics dans les questions intéressant la lutte contre l'alcoolisme.

Elle publie un bulletin mensuel qui lui sert d'organe et qui, outre les actes et les travaux originaux de ses membres, contient les informations les plus complètes sur l'alcoolisme en France et à l'Etranger.

Jauvrais (Théophile), publiciste et conférencier à *Rostrenen* (Côtes-du-Nord).

Travaux, gravures et études sur l'alcoolisme en Bretagne.

Penjade (G.), instituteur à *Espanel-Molières* (Tarn-et-Garonne).

Documents et travaux antialcooliques.

La Mutuelle-Habitation (*Société anonyme coopérative de constructions d'habitations à bon marché*). — Siège social : 2, *quai de Jemmapes*, Paris.

La *Mutuelle-Habitation*, Société de construction d'habitations à bon marché, a été fondée en juillet 1900 par M. Henri Senet, architecte-expert.

La *Mutuelle-Habitation* réalise l'idée de la mutualité appliquée à l'habitation.

Types divers d'habitations à bon marché appropriés aux besoins de leurs habitants.

Constructions soignées, exécutées en matériaux durables, employés avec la plus stricte économie, et disposées pour obtenir l'aspect le plus riant et de meilleur goût.

Résultats : Le capital de fondation de 60.000 francs atteint actuellement 180.000 francs.

Vingt-neuf immeubles ont été construits de 1900 à 1904.

Le maximum de dividendes est alloué aux sociétaires.

Médailles à tous les concours et expositions de l'habitation.

Les Statuts et le journal illustré *l'Habitation à bon marché* sont envoyés gratuitement sur demande adressée au Siège social.

La Nature pour tous. — *Société civile et coopérative de vacances populaires.* — Siège social : 45, *rue de Saintonge*, Paris.

La *Nature pour tous* a pour but de procurer aux travailleurs — intellectuels et manuels — les facilités de passer une ou plusieurs semaines à la campagne, à la montagne, et plus particulièrement, au bord de la mer, moyennant une dépense de 18 francs par personne et par semaine (nourriture et chambre comprises).

Les enfants au-dessous de 3 ans ne paient rien ; les enfants de 3 à 9 ans paient demi-prix.

Le montant des semaines de séjour souscrites par le sociétaire est payable à son gré, par mois, par quinzaine, ou en une seule fois, avant son départ en vacances.

Les voyages s'effectuent à des prix extrèmement réduits (à tiers de place sur le réseau de l'Etat, à demi-place sur les autres réseaux).

Des colonies ont été organisées :

1° à la plage de Châtelaillon (Charente-Inférieure) ;

2° à la plage des Sables-d'Olonne (Vendée) ;

3° à Flogny (Yonne) ;

4° à Bonne-sur-Menoge, près Genève (Haute-Savoie).

La première colonie coopérative sera installée à Châtelaillon, où un immeuble sera construit et aménagé en vue de recevoir les sociétaires.

Œuvre anti-tuberculeuse de la Loire-Inférieure. — Siège social : 14, *rue Bonne-Louise*, Nantes. Président du Conseil d'administration : M⁰ Victor Boquien ✳, avocat.

Parmi les départements ravagés par la tuberculose, celui de la Loire-Inférieure occupe un des premiers rangs.

Le chiffre de la mortalité tuberculeuse, qui était de 593 en 1895, est actuellement de 661, d'après le dernier relevé en 1903.

En 1901, furent jetées les bases d'un projet d'organisation de la défense contre la tuberculose dans la Loire-Inférieure.

Un Comité provisoire se réunit et arrêta le programme des mesures de défense. La création d'une Société fut décidée.

Cette Association prit existence légale le 12 décembre 1901, sous l'égide de M. le professeur Brouardel, qui vint le 15 janvier 1902, dans une conférence d'inauguration, couvrir de sa haute autorité le programme adopté.

Pour assurer la vitalité de l'association, le Conseil provoqua sa reconnaissance d'utilité publique le 17 novembre 1902.

Le Comité médical et le Conseil d'administration décidèrent l'acquisition d'une propriété pour l'édification d'un sanatorium.

L'OEuvre prit part aux travaux du congrès tenu à Nantes en 1904.

Le Conseil décida la même année l'établissement d'un dispensaire assistant les tuberculeux indigents du sixième canton de Nantes et de la ville de Chantenay.

Il répandit les connaissances hygiéniques antituberculeuses au moyen d'un petit catéchisme.

Il entreprit enfin cette même année des démarches pour obtenir l'autorisation d'émettre une loterie dont le produit serait en partie consacré à la construction d'un établissement d'isolement et de cure, et le surplus serait affecté au développement des mesures de défense.

Œuvre pour la prophylaxie de la tuberculose et l'assistance des tuberculeux indigents. — Siége social et secrétariat général : 48, *rue Condorcet*, Paris. — Fondée sous le patronage de M. Paul STRAUSS, sénateur.

Conférences et instructions antituberculeuses. — Logements salubres. — Assistance à domicile. — Enquêtes sociales. — Prophylaxie générale. — Désinfection.

Œuvre des Sanatoriums populaires de Paris (*Sanatorium de Bligny* pour la cure des tuberculeux adultes). — Reconnue d'utilité publique. — Siége social : 56, *rue de Provence*, Paris, IXe arr. Vice-président : Pr LANDOUZY.

L'*Œuvre des Sanatoriums populaires de Paris* a ouvert à Bligny, non loin de la vallée de Chevreuse, un sanatorium de 190 lits pour le traitement des tuberculeux des classes peu aisées. Ce premier établissement, réservé aux hommes, comprend des services généraux suffisants pour un sanatorium de femmes, que l'OEuvre espère bientôt y ajouter.

Conçu sans luxe inutile, mais selon les données de l'hygiène la plus rigoureuse, le Sanatorium de Bligny s'élève sur la lisière d'un grand parc, dans un des sites les plus riants et les plus salubres du département de Seine-et-Oise. Les malades y trouvent, sous la surveillance et la direction de médecins résidants, et dans un milieu familial, la cure d'air, de repos et d'alimentation tonique dont naguère les tuberculeux riches pouvaient seuls obtenir le bénéfice.

Le Sanatorium de Bligny ne reçoit que les tuberculeux curables, et ceux dont l'état peut être suffisamment amélioré pour qu'ils recouvrent une certaine capacité de travail.

Son fonctionnement n'intéresse pas seulement les malades, mais aussi les chefs de maisons, les administrations, les mutualités et les personnes bienfaisantes, qui ont charge ou souci de la santé de leurs employés, de leurs affiliés ou de leurs protégés, et qui désirent les aider à se soigner dès les premières atteintes de la tuberculose.

L'*Œuvre des Sanatoriums populaires de Paris* est entretenue par la bienfaisance privée.

Œuvres sociales autour d'une usine. — *(Société de Châtillon-Commentry- Neuves-Maisons.)*

Créations qui, par leur utile fonctionnement, améliorent la situation des ouvriers de la *Société de Châtillon-Commentry-Neuves-Maisons.*

Près de l'usine Saint-Jacques, à Montluçon, se groupent, outre les services ordinaires de docteurs, sages-femmes, infirmerie, pharmacie, étuve à désinfecter, une distribution de vin et bouillon aux convalescents, lait stérilisé (125 litres par jour) aux enfants âgés de moins d'un an, une École ménagère de cuisine, raccommodage des vêtements et repassage du linge, un ouvroir de jeunes apprenties couturières, une crèche où se fait un cours de puériculture appliquée.

Tous ces services sont créés et assurés uniquement par la *Société de Châtillon-Commentry-Neuves-Maisons.*

Pour tous détails concernant leur installation ou leur organisation, écrire à Mme Me Léon Lévy, 2, rue Logelbach, Paris-VIIe.

Œuvre de préservation de l'enfance contre la tuberculose.
Siège social : 4, *rue de Lille*, Paris.

Cette Œuvre, fondée en 1903 par M. le professeur Grancher et par Mme Grancher qui, par le don annuel d'une somme de 20.000 francs pendant cinq ans, en assura les premiers pas, a pour but d'enlever de la famille tuberculeuse les enfants encore sains pour les faire vivre à la campagne dans des familles saines, sous la surveillance effective d'un médecin.

Grâce à l'absence de frais généraux et à tous les dévouements gratuits qui en assurent le fonctionnement et l'administration, cette œuvre consacre intégralement ses ressources au but poursuivi par son fondateur et vient en aide : à la famille tuberculeuse de l'enfant à laquelle elle enlève la charge d'un enfant; à l'enfant qu'elle arrache à une contamination tuberculeuse certaine; à la famille adoptive à laquelle la redevance de un franc par jour et par enfant payée par l'Œuvre apporte un peu de bien-être.

Les ressources de l'Œuvre consistent dans les cotisations de ses membres : soit un versement unique de 500 francs au minimum pour les bienfaiteurs, de 200 francs et au-dessus pour les donateurs, un versement annuel de 20 francs pour les titulaires, de 5 francs pour les adhérents, des dons annuels de 365 francs représentant les frais d'entretien annuel d'un enfant et les subventions diverses.

Cette Œuvre constitue le plus sûr moyen de lutter contre la propagation de la tuberculose.

Œuvre des « Abris du marin » et de l'« Almanach du marin breton ». — Siège social : *Sainte-Marine-en-Combrit, par Pont-l'Abbé-Lambourg*, Finistère.

Cette association a pour but de rechercher les moyens d'améliorer l'état moral ou matériel des marins-pêcheurs, et notamment de lutter contre les ravages de l'alcoolisme :

1° En créant et subventionnant dans divers ports de France des associations locales de marins et en mettant à leur disposition des locaux dits : *Abris du marin*, où ils puissent se réunir et trouver des cercles d'études et de délassement;

2° En créant à leur intention des publications spéciales, notamment l'édition annuelle de l'ouvrage professionnel dit : *L'Almanach du marin breton.*

Œuvre générale des dispensaires, sanatoria et autres établissements antituberculeux. — Siège social : 3, *rue des Cordeliers*, Reims. Président : M. NOUVION-JACQUET.

Le but de l'Œuvre est d'établir dans les campagnes des dispensaires ou postes de secours destinés à tous les besoins médicaux du village.

Œuvre des « Jardins ouvriers » des Dames de Sedan. — *Reconstitution de la famille. (Société d'assistance par le travail de la terre).* — Fondée à Sedan, par Mme HERVIEU, en 1889.

Cette Œuvre est l'œuvre mère des jardins ouvriers de France et de l'étranger.

Elle est également l'œuvre mère de la Ligue du Coin de terre et du Foyer, fondée à Bruxelles par M. l'abbé Gruel.

Œuvre du Soleil (*Pour procurer des vacances aux jeunes ouvrières de Paris*). — Siège social : *Villars*, par *Ahun* (Creuse).

Quand l'hiver fait place au riant printemps et que les beaux jours sont proches, les heureux de la capitale, mondains et mondaines, prennent leur essor vers les larges horizons où se trouvent, avec un ciel pur, les brises parfumées et les reposants ombrages.

Et, dans Paris à l'atmosphère toujours lourde, il ne reste que les esclaves du travail et de la pauvreté, ceux et celles qui sont enchaînés à leur tâche quotidienne.

Parmi eux se trouve la grande et intéressante légion des *Petites Ouvrières*, pauvres oiseaux en cage, avides de grand air et qui voudraient aussi prendre la clef des champs.

C'est pour elles que l'*Œuvre du Soleil* a été fondée.

Elle a pour but de donner aux jeunes poitrines qui ont besoin de se dilater les rayons du soleil et le grand air des montagnes. Ainsi, depuis 3 ans, cette œuvre a déjà envoyé dans les montagnes du Limousin plus de 80 jeunes filles.

Œuvre israélite des séjours à la campagne. — Siège social : 81, rue de Monceau, Paris.

L'OEuvre fondée en 1899 est actuellement régie par des statuts établis conformément à la loi du 1er juillet 1901.

Son but est : « Envoyer à la campagne, principalement à l'époque des vacances, des enfants et jeunes gens de l'un et l'autre sexe, habitant Paris et sa banlieue. Elle accepte ceux qui lui sont confiés par des administrations publiques, par des OEuvres privées de bienfaisance, par des particuliers ou par leurs parents. »

L'OEuvre, fondée et entretenue par des israélites, s'adresse plus particulièrement à la population indigente de ce culte, mais elle n'a cependant pas un caractère confessionnel, et elle accueille chaque année un certain nombre d'enfants appartenant à d'autres cultes.

La Société a actuellement trois établissements entre lesquels elle répartit ses protégés :

1° Séjour à la campagne de la Ferme de la Poste, aux Bezards (Loiret), 30 lits ;

2° Séjour à la campagne de Pont-de-l'Arche (Eure), 25 lits ;

3° Séjour à la campagne d'Ymare (Seine-Inférieure), 40 lits.

Œuvre des dispensaires antituberculeux de la ville de Bordeaux.

En 1898, le Dr Dupeux prit l'initiative à Bordeaux de créer un sanatorium pour les indigents tuberculeux du département de la Gironde. Grâce à ses efforts, au mois d'octobre 1902, le sanatorium fut ouvert aux tuberculeux (hommes) du département.

En 1901, le Dr Dupeux, adjoint au maire de Bordeaux, organisa un service municipal d'examen bactériologique des crachats des malades soupçonnés de tuberculose. Ce service, qui est fait gratuitement, est placé sous la direction scientifique du

Dr Ferré, professeur de médecine expérimentale à la faculté de médecine de Bordeaux.

En 1903, le Dr Dupeux prit l'initiative de fonder à Bordeaux un *premier dispensaire antituberculeux* qui doit être suivi de trois autres. Ce dispensaire, établi sur le modèle de celui du Dr Calmette de Lille, a été inauguré le 5 février 1904.

L'Œuvre de Villepinte.

L'Œuvre de Villepinte est née de celle des *Maisons de famille* qui remonte à 1864.

La même idée qui inspira cette Œuvre conduisit, en 1875, à la double création d'une Société de secours mutuels et à celle d'un dispensaire.

Ces institutions découvrirent une lacune : le défaut complet d'assistance aux tuberculeux. De là date la fondation de l'Œuvre des jeunes poitrinaires, commencée en 1877, à Livry, développée en 1881 à Villepinte, dont le nom est resté à l'Œuvre.

Premier hôpital spécial, longtemps il resta le seul en France, et il est encore unique, car, divisé en sanatorium et en hôpital pour les jeunes filles et les enfants, il ouvre ses portes aux malades des trois degrés de la tuberculose, tout en les séparant.

Pour les poitrines légèrement touchées, le sanatorium d'Hyères, fondé en 1895, fonctionne du mois d'octobre au mois de juin.

Les enfants et les jeunes filles anémiques, mais non tuberculeuses, sont traitées au sanatorium de Champrosay.

Les cures rurales de Champrosay, nouvelle branche de l'Œuvre, ne datent que de six mois, reçoivent pendant trois mois les fillettes de 6 à 16 ans, débiles ou fatiguées par la croissance.

Préserver, soigner, guérir : telle est la devise de l'Œuvre de Villepinte.

Longerey (Célestin), architecte, 15, *rue du Louvre*, Paris.

Projet d'hôtel meublé pour célibataires hommes qui va être édifié près de la Roquette.

Ce projet a fait l'objet d'une communication au dernier Congrès d'hygiène de l'habitation.

Le Petit Manoir. Journal mensuel. — 71, *rue Rochechouart*, Paris.

Société anonyme coopérative à capital variable, le *Petit Manoir* a pour but de :

1° Construire des habitations salubres et à bon marché à tous ses membres qui le désirent ;

2° Améliorer et assainir les habitations déjà existantes ;

3° Faire des prêts en vue de la construction ou de l'achat d'immeubles destinés à des habitations à bon marché.

4° Attribuer tous terrains ou maisons, à titre de lotissements, à ses actionnaires et les louer avec promesse de vente.

Capital social : 100,000 francs, divisé en 200 actions de 500 fr., payables 10 francs par mois jusqu'à concurrence de 50 francs, soit le dixième ; le reste, à raison de 2 fr. 50 par mois ou 30 francs par an et par action.

Préservation Scolaire contre la tuberculose. — Président : M. le Professeur GRANCHER.

L'Œuvre a pour but de dépister les enfants tuberculeux ou suspects de tuberculose des écoles de la Ville de Paris, par une nouvelle méthode d'examen et de diagnostic précoce.

La tuberculose ganglio-pulmonaire est fréquente chez l'enfant mais elle peut rester latente jusqu'à l'adolescence, puis elle éclate à l'occasion des fatigues de la croissance, des études spéciales, de l'atelier, de la vie de caserne, etc. Si donc on pouvait dépister cette adénopathie chez les enfants de l'école primaire et la traiter comme il convient, on aurait chance de préserver au moins une grande part de ces écoliers du mal qui les guette dans un avenir plus ou moins long.

C'est à quoi s'est employé avec un dévouement admirable M. le professeur Grancher. Partant de cette constatation empirique que la tuberculose est d'autant plus obéissante à la thérapeutique que le traitement est fait de meilleure heure et qu'à la période de l'extrême début elle est la plus curable de toutes les maladies M. le professeur Grancher a organisé à Paris, avec de dévoués collaborateurs, parmi lesquels citons le Dr Camille Savoire, l'examen des enfants à l'école.

Des expériences faites à l'école des garçons et à celle des filles de la rue de l'Amiral-Roussin, prises pour types, il est arrivé à cette constatation effrayante que sur 896 enfants des écoles de la Ville de Paris, garçons et filles, 141 sont en état de tuberculose latente ganglio-pulmonaire.

Or, il suffit alors d'un traitement préventif et d'un peu de suralimentation pour les guérir. C'est ce traitement préventif sous la forme d'un repas supplémentaire substantiel donné aux enfants suspects des écoles que l'Œuvre de la *Préservation scolaire* s'est attachée à remplir avec le concours et l'aide maté-rielle du Conseil municipal de la Ville de Paris.

Sanatorium de Saint-Pol-sur-Mer (Nord).

Le *Sanatorium (hôpital maritime) de Saint-Pol-sur-Mer* a été fondé, en 1888, par M. Georges Vancauwenberghe, maire de Saint-Pol-sur-Mer, membre du Conseil supérieur de l'Assistance publique, pour le traitement des enfants scrofuleux et rachitiques de la région du Nord.

Œuvre d'initiative privée, le sanatorium compte actuellement 400 lits et a déjà reçu en traitement plus de 5.000 malades, pour lesquels la proportion des guéris et améliorés dépasse 80 %.

Par suite des nécessités de l'agrandissement du port de Dunkerque, l'établissement actuel doit incessamment dispa-raître; il sera remplacé par un nouvel hôpital maritime, en construction à Zuydcoote (Nord), à l'est de Dunkerque, dans un domaine de 100 hectares, acheté spécialement.

Les nouvelles installations, qui s'achèvent à Zuydcoote, se développent sur 500 mètres de front à la mer et sur 300 mètres de profondeur; elles sont disposées de façon à pouvoir mettre à la disposition des malades un ensemble de 1.000 lits, avec tout le confort et le progrès de l'hygiène moderne.

Société des plages familiales et ouvrières de France. *Société philanthropique d'habitations à bon marché.* — Siège social : 10 *bis, rue de Châteaudun*, Paris.

Société constituée conformément à la loi du 30 novembre 1894, approuvée après avis favorable de la commission supérieure des habitations à bon marché, par arrêté de M. le Ministre du Commerce et de l'Industrie.

Propriétaire de la plage Sainte-Cécile (Manche) dont le plan en relief se trouve à l'exposition du « *Journal* », cette société avec le concours des caisses d'épargne moyennant une faible cotisation mensuelle, élève des maisons pour les pêcheurs et marins sur les côtes de la Manche, de l'Océan et de la Méditerranée, des villas pour les employés ou ouvriers.

Colonies de vacances; cercles et hôtels pour dames seules, demoiselles de magasin et ouvriers; maisons de repos, pour les employés et ouvriers.

Sur la plage Sainte-Cécile, exposition des colonies en vacances, des maisons ouvrières de Mme la duchesse d'Uzès, des villas des employés de chemin de fer, des postes, des ouvriers en meubles et miroitiers du faubourg Saint-Antoine; des cités de repos pour les employés et ouvriers.

Société de préservation contre la tuberculose par l'éducation populaire. — Siège social : 33, *rue Lafayette*, Paris. — Président : Dr J.-J. PEYROT, sénateur, membre de l'Académie de Médecine.

La *Société de préservation contre la tuberculose*, fondée en avril 1900, a pour but de vulgariser la connaissance des mesures préventives que réclame la lutte contre la tuberculose.

Ses principaux moyens d'action sont :

La publication du journal mensuel *La Préservation antituberculeuse*, les conférences, les distributions gratuites de tracts, de brochures, d'instructions, d'affiches, de pancartes, d'étiquettes gommées, de cartes postales illustrées, de papier à lettre, etc.

Le nombre de ses membres est de 2.000 environ.

Syndicat des propriétaires de la plage de Mesnil-Val (Seine-Inférieure). — Siège social : 10, *rue Gambetta*, Châtillon-sous-Bagneux (Seine). — Président : M. L. Mériot.

I

Exposant : Le Syndicat des propriétaires de Mesnil-Val (Seine-Inférieure). Collectivité de 400 membres autorisée conformément à la loi du 1er juillet 1901.

Envoi : Le Syndicat expose : les statuts et règlements, les plans de lotissement de 4 terrains acquis par les 4 sociétés civiles qui réunies ont constitué le Syndicat : plans des routes, avenues, places, jardin public, plage, vues photographiques et travaux divers constituant l'Œuvre du Syndicat.

II

Exposition particulière de M. L. Mériot, architecte. Plans et détails de petites maisons à bon marché édifiées par lui à la mer.

L'Union française antialcoolique. — Siège social :
rue de Latran, Paris.

L'*Union Française antialcoolique* a été fondée en 1896 par le Dr Legrain, médecin en chef de l'Asile d'aliénés de Ville-Evrard, avec l'aide de quelques hommes actifs et dévoués, M. Léon Marillier, le Dr Sérieux, M. Maillet, M. Gaufrès, etc.

Cette société se donnait pour programme d'engager une lutte énergique contre le fléau croissant de l'alcoolisme. Elle choisissait comme principal moyen d'action la prohibition de toutes les boissons spiritueuses et demandait à ses membres actifs de signer un engagement d'abstinence totale de ces boissons, mais elle sollicitait en même temps, en leur offrant le titre de membres adhérents, le concours de toutes les personnes qui, sans prendre d'engagements précis, étaient cependant désireuses d'apporter à l'Œuvre naissante le concours de leur bonne volonté et de leur activité.

Les unionistes, à peine 300 en 1896, atteignaient le chiffre de 5.000 en 1897, de 10.000 en 1898, de 20.000 en 1899, et de 40.000 en 1900.

L'*Union*, constituée en fédération dont chaque unité restait autonome, à la condition toutefois d'accepter les principes généraux de l'Œuvre, fondait des sections sur tous les points du territoire. Elle pénétrait dans tous les milieux. Mais c'est surtout dans les écoles qu'elle allait trouver un incomparable champ d'activité.

Son activité et chacun de ses progrès étaient soigneusement consignés chaque mois dans le journal l'*Alcool* et connus du public antialcoolique.

Voici le décompte de ses membres au 31 janvier 1904 : L'U. F. A. possède 661 sections (adultes mixtes et cadettes) formant ensemble un total de 42.616 membres (actifs et adhérents). Il faut ajouter à ce chiffre les membres ayant adhéré isolément au siège social : ils sont au nombre de 1.239. Ajoutons encore les membres de la section centrale, soit 420, et nous arrivons au total général de 44.275 membres.

Elle obtenu un Grand Prix à l'Exposition Universelle de 1900. Elle est autorisée dans l'armée et dans la marine. Elle publie deux journaux mensuels : l'*Alcool* pour les adultes, et l'*Etoile Bleue* pour les sections cadettes. L'*Alcool* compte actuellement 4.500 abonnés, et l'*Etoile Bleue*, 900.

CHAPITRE VII

PROPAGANDE ET VULGARISATION — PUBLICATIONS

Association philotechnique. — Siège social : 88, *rue Saint-Lazare*, Paris, IXe arr. Directeur : A. BARRIOL.

Association philotechnique (section mixte) de la mairie Drouot fondée en 1873 et comprenant des cours spéciaux d'Économie sociale, de théorie et pratique d'assurances vie, incendie, accidents, et de théorie et pratique des opérations financières.

Cours gratuits tous les soirs de 8 h. à 10 heures.

L'Assurance Maternelle et le « Berceau ». — Siège social : 12, *rue de Mogador*, Paris.

L'*Assurance Mutuelle Maternelle* est ouverte à toute personne du sexe féminin, célibataire ou mariée et sans distinction d'âge.

Il y a deux sortes de primes, la première est de 5 francs, la seconde de 3 francs. Chaque adhérente s'engage formellement à verser pendant cinq années une des deux primes.

L'adhérente qui aura rempli son engagement aura droit, sa vie durant et pour chaque accouchement, quel qu'en soit le nombre, pour la prime de 5 francs :

1° A une somme de 60 francs au cours du mois qui précède l'accouchement ;

2° A une indemnité de 60 francs au cours du dixième mois.

3° A une indemnité de 30 francs au cours du onzième mois ;

4° Aux médicaments nécessaires pendant les neuf jours qui suivent l'accouchement (sauf ceux considérés comme aliments, quinquinas, reconstituants, etc.).

La prime de 3 francs donne droit à la moitié des avantages énumérés ci-dessus.

*
* *

Le Berceau (revue mensuelle) (Protection de la mère et de l'enfant. Enseignement. Mutualité) a été fondé le 1er janvier 1904, pour propager l'idée d'assurance maternelle. C'est par excellence le journal des familles en ce sens qu'il publie des études détaillées sur tous les produits destinés à l'hygiène et à l'alimentation de l'enfance. Le *Berceau* renferme en outre des récits, des curiosités, des romans, des illustrations qui inspirent l'amour du foyer et constituent des enseignements d'une grande moralité.

L'Avenir de la Mutualité. — *Organe général des œuvres sociales, Mutualité, prévoyance, retraites, assistance, assurances, coopération, éducation sociale, hygiène sociale*, etc. Direction générale et administration : 10, et 12, *rue Saint-Christoly*, Bordeaux : Directeur-fondateur : G. DELMAS.

L'Avenir de la Mutualité, fondé en 1903, est le premier grand journal hebdomadaire mutualiste. Il est, en même temps, l'organe général des œuvres sociales : retraites, assistance, assurances, coopération, éducation sociale, hygiène sociale.

Son Comité d'Honneur et de Collaboration comprend les personnalités les plus éminentes parmi les hommes d'Etat et les philanthropes qui conduisent l'opinion. Sous l'inspiration de tels guides et en coordonnant des efforts jusqu'alors divergeants, ce journal a déjà, par de fécondes initiatives, exercé une action considérable dans toutes les questions d'organisation sociale et de progrès humanitaire.

A cette OEuvre se rattache la *Librairie de la Mutualité et des OEuvres Sociales* réunissant les ouvrages et publications de l'élite des écrivains qui ont consacré leur talent à la plus noble et la plus saine des propagandes.

Code de l'enfance traduite en justice, par Ernest PASSEZ, avocat à la Cour de Cassation. — 122, *faubourg Saint-Honoré*.

Colin (Ambroise), professeur de droit civil à la Faculté de droit de Paris.

Publications diverses.

Conseiller du bonheur social (Le), par Mme L. BÉROT, à Saint-Quentin (Aisne). (Edité par *l'Avenir de la Mutualité*.) — Siège social : 10, *rue Saint-Christoly*, à Bordeaux.

Ouvrage divisé en cinq parties : 1° Pour bien se diriger dès l'enfance. — 2° Causerie aux jeunes filles sur le travail. — 3° Economie domestique *pratique*; cuisine. — 4° Hygiène, premiers soins. — 5° Devenir heureux (pour les garçons).

Dispensaire du Palais du travail. (*Place Dupleix*). — *Fondation des Associations ouvrières de production de France.* — Président : M. DERGOUGE.

Cette Œuvre, fondée en 1901 grâce à l'initiative du Dr Tatary et M. Favaron, directeur des Charpentiers de Paris et président de la Chambre consultative des associations ouvrières, a pour but de lutter contre les ravages faits par la tuberculose dans la classe ouvrière. Des soins y furent donnés à plus de 1.200 malades et les dernières statistiques ont démontré que près de 40 % des malades en sortirent soulagés ou guéris. Sa vie est assurée par les subsides des membres des associations ouvrières. Ce n'est point donc simplement une œuvre de *charité*, mais surtout de *solidarité*.

Ecole des Hautes Études sociales. — (*Ecole de morale et de pédagogie.* — *Ecole sociale.* — *Ecole de journalisme.* — *Ecole d'art.*). — 16, *rue de la Sorbonne*, Paris.

L'*Ecole des Hautes Études sociales*, ouverte en 1900, se propose d'étudier, dans un esprit d'entière liberté scientifique, les formes changeantes et multiples de l'activité sociale. Elle comprend actuellement quatre sections : Ecole de morale et de pédagogie, Ecole sociale, Ecole de journalisme, Ecole d'art.

L'Ecole de morale a étudié, durant ces dernières années, dans des conférences suivies de discussions, les principaux problèmes qui préoccupent la conscience contemporaine (problèmes moraux du temps présent, l'enseignement de la démocratie, la solidarité et ses applications, etc...).

L'Ecole sociale recherche les moyens d'appliquer à l'évolution de la société les principes formulés à l'École de morale.

L'Ecole de journalisme essaie de faire passer dans la pratique de la presse les habitudes d'exacte information familières à la science.

L'Ecole d'art, divisée elle-même en trois sections (arts plastiques, théâtre, musique), étudie dans la technique et dans l'histoire des différents arts les rapports de l'art et de l'évolution sociale.

Eymonnet, éditeur. — 12, *rue du Colisée*, Paris.

L'enseignement de la Prévoyance, de l'Économie et de l'Hygiène sociales par les cahiers scolaires illustrés.

(Déposé en France et à l'Étranger.)

Guide manuel de la Mutualité Française, par M. Jean HÉBRARD.

(Édité par l'*Avenir de la Mutualité*, 10, rue *Saint-Christoly*, Bordeaux. 1 volume, 556 pages.)

Le développement que la *Mutualité Française* a pris depuis l'entrée en vigueur de la loi du 1er avril 1898 a suscité l'apparition de livres et de publications périodiques qui ont facilité l'œuvre des organisateurs et des administrateurs des sociétés de secours mutuels. Mais, si complets que soient les uns, si actuelles que soient les autres, une lacune existait dans la bibliographie de la mutualité.

Le volume que M. Jean Hébrard, président de la Fédération des Sociétés de secours mutuels du Tarn-et-Garonne, secrétaire général de la Fédération nationale de la Mutualité, vient de présenter au public sous le titre de *Guide manuel de la Mutualité Française*, comble, fort heureusement, cette lacune.

Il se divise en deux parties principales.

La première partie traite de la situation générale de la mutualité, de ses organes essentiels et de ses groupements fondamentaux, de la création et du fonctionnement des sociétés de secours mutuels, des unions de sociétés et de leurs services, des formes particulières de la mutualité, telles que la mutualité scolaire, la mutualité militaire, la mutualité familiale, la mutualité maternelle, des questions diverses qui se rattachent aux accidents du travail et à l'hygiène sociale. Cette simple énumération montre l'actualité et l'importance des problèmes abordés par M. Jean Hébrard; elle montre aussi qu'aucun aspect des formes de la mutualité ne lui a échappé.

La deuxième partie contient les tarifs médicaux et pharmaceutiques, les tarifs de la retraite, l'assurance au décès et les subventions; les statuts-types des sociétés, des réunions, pharmacies, Caisses de réassurance et dispensaires, les lois, décrets et circulaires en vigueur.

Des exemples, pris au hasard, au milieu d'une richesse de détails et d'une merveilleuse abondance de documentation, suffiraient à montrer ce qu'une pareille œuvre suppose d'expérience accumulée et de patient labeur. Mais, s'ils pouvaient inciter à la lecture de l'ouvrage, ils ne sauraient faire prévoir le charme que cette lecture réserve par la netteté du style et la précision de l'exposé.

Le livre de M. Jean Hébrard s'adresse donc à la fois aux sociétés mutualistes qui y trouveront, avec les éléments de leur fonctionnement quotidien, les sources de leur progrès futur, aux législateurs que sollicitent sans cesse les problèmes sociaux, aux économistes, aux sociologues, aux philanthropes, et, d'une manière générale, à tous ceux que préoccupent les intérêts vitaux de la société moderne.

L'auteur se borne, avec une excessive modestie, à formuler dans sa préface le vœu « d'être utile à tous les mutualistes et à tous les amis de la mutualité ». Nous ne croyons pas être téméraire en affirmant que son vœu sera entièrement réalisé.

(*Extraits de la Bibliographie de la « Revue politique et parlementaire »*, par M. MAURICE BELLOM.)

La Mutualité Française, par M. Léopold MABILLEAU. (Edité par l'*Avenir de la Mutualité*, 10, rue *Saint-Christoly*, Bordeaux. 1 volume, 200 pages.)

Il manquait à la *mutualité moderne* un livre qui fixe les principes.

Ce n'est faire injure à aucun des auteurs qui figurent dans la bibliographie mutualiste que de constater cette lacune.

Ce qu'il faut préciser maintenant, c'est la signification exacte de l'idée mutualiste et les multiples applications qu'elle comporte.

Au surplus, il ne s'agit pas de faire œuvre de parti, mais de conciliation, de science et de liberté.

L'exclusivisme, paraît-il, justifié, risquerait de décourager bien des bons vouloirs. La *mutualité* suit sa voie traditionnelle, mais elle évolue constamment. Ce qui fait sa force et son charme, c'est précisément la variété des créations qu'elle inspire ; et s'il y a des méthodes préférables, il n'en est pas que l'on puisse condamner sans appel. Un livre sur la *mutualité* ne saurait être un pamphlet contre les mutualistes.

La tâche n'est point aisée d'offrir à la prévoyance française l'exposé d'une doctrine très nette et très souple qui s'inspirerait tout ensemble des plus hautes théories sociologiques et des plus modestes résultats de l'expérience. Il y fallait un philosophe qui fût aussi un praticien.

L'*Avenir de la Mutualité* a décidé M. Léopold Mabilleau à écrire ce livre — et l'Œuvre répondra à la haute attente que suffit à éveiller le nom de l'auteur.

Personne n'était donc mieux désigné que lui pour écrire l'ouvrage où les mutualistes iront chercher à la fois une ligne de conduite et une inspiration.

Voici le plan du livre :

Première partie. — Les principes.

Ch. Iᵉʳ. — Le secours mutuel.
Ch. II. — La mutualité et l'assistance.
Ch. III. — La mutualité et la prévoyance.
Ch. IV. — La mutualité et l'assurance.

Deuxième partie. — Constitution et organisation.

Ch. Iᵉʳ. — La Société.
Ch. II. — Union et Fédération.
Ch. III. — Les deux formes de la mutualité.
Ch. IV. — L'organisation financière.

Troisième partie. — Les services.

Ch. Iᵉʳ. — Le service de maladie.
Ch. II. — L'assurance contre la vieillesse ; *a)* les retraites.
Ch. III (suite). — L'assurance-vie et décès.
Ch. IV. — Fonctions diverses des Sociétés mutuelles.

La Revue du Bien (*dans la Vie et dans l'Art*). — 83, *boulevard Poniatowski*, Paris, XIIᵉ arr. Directeur : Marc LEGRAND.

La *Revue du Bien* publie chaque mois : des chroniques, des poésies, des nouvelles, des études d'art, signées des meilleurs écrivains. Elle présente le bien qu'on fait, le bien à faire, les œuvres et les gens de bien.

La *Revue du Bien* est lue par tous les lettrés.

Les Cornéliens. — *Société populaire de littérature classique:* Fondée en 1885 par M. CASTELLAR. — Siège social : 109, *avenue Parmentier*, Paris. — Présidents d'honneur : MM. Sully PRUD-HOMME et Henri HOUSSAYE.

Auditions gratuites des chefs-d'œuvre de la littérature française dans les écoles et dans les établissements philanthropiques.

Le Philanthrope (*Moniteur des Sociétés de bienfaisance, mutualistes et de toutes œuvres ayant pour but d'améliorer la situation matérielle et morale des travailleurs*). — Fondé à Bruxelles, en 1896, par M. Henri MARCHAL. — Direction et rédaction : 21, *rue de Lausanne*, Bruxelles. Abonnements : Belgique, 2 fr. ; Etranger, 3 fr. par an.

Les bénéfices du journal sont abandonnés à l'*Œuvre des Enfants Martyrs de la Ville de Bruxelles*. Ce périodique, grâce à une pléiade d'excellents collaborateurs, parmi lesquels figurent des écrivains français, a obtenu plusieurs distinctions aux expositions, notamment à l'Exposition internationale de Lille, à l'Exposition universelle de Paris et à l'Exposition internationale d'Hygiène, de Sécurité Maritime et de Pêche de la ville d'Ostende. Il a fait paraître en décembre un numéro spécial illustré intitulé : *Philanthrope-Noël*, qui a eu un très vif succès et dont on pourra en juger dans notre exposition.

Musée social de la mutualité. — Fondé en 1901, par M. Antoine-Emilien JARTON. — Siège social : 6, *rue d'Arc*, Angoulême (Charente).

Almanach national de la Mutualité Française dont les bénéfices sont employés à répandre : 1° les idées mutualistes dans l'Armée, les écoles de France et des Colonies ; 2° sanatorium mutualiste contre la tuberculose.

Notions d'hygiène féminine populaire *L'Adolescente*). — Par le D' René MARTIAL, préface de M. JEANNOT, inspecteur de l'Enseignement primaire de la Seine. — Lib. H. Paulin et Cie, 21, *rue Hautefeuille*, Paris. Prix : 2 fr.

Ce livre, qui a été présenté au premier Congrès de l'alliance d'hygiène sociale, tenu à Arras en juillet 1904, par M. le professeur LETULLE (V. le *Grand Echo du Nord*, 21 juillet 1904), a été signalé par un grand nombre de journaux de la *Presse Médicale* et de la *Presse politique*. Se fondant sur les données les plus récentes de la science dermatologique, l'auteur y étudie successivement l'hygiène des différentes parties du corps et de la peau, en général. Il n'envisage dans ce volume que l'hygiène de la jeune fille, de l'adolescente, et le dédie aux éducatrices : mères de famille ou institutrices.

Office central de la Charité bordelaise.
— 25, *rue Porte-Basse*, Bordeaux.

L'*Office central de la Charité bordelaise* a été fondé en 1892. Œuvre privée mais subventionnée par la Ville de Bordeaux et le département de la Gironde.

L'Office a pour but :

De rendre plus efficace et plus sûr l'exercice de la charité privée.

D'indiquer et de proposer les moyens les plus propres à soulager la misère.

Il se propose d'atteindre ce résultat :

1° En recueillant des renseignements sur la situation des pauvres et en communiquant ces renseignements aux Œuvres de bienfaisance et aux particuliers, dans les conditions indiquées par le Règlement;

2° En centralisant tous documents et renseignements sur les Institutions et Œuvres de bienfaisance, de manière à diriger ceux qui ont besoin de s'adresser à elles, et à servir le cas échéant d'intermédiaire ;

3° En favorisant la création d'œuvres nouvelles de bienfaisance ou le développement des Œuvres existantes.

Orphelinat des Employés de Banque et de Bourse. — Siège social : 5, *rue de Provence*, Paris. — Président-fondateur : M. Philippe MASSON.

Fondé en 1898 sous la dénomination de : *Orphelinat des Employés de Banque*, a ajouté à son titre les mots *et de Bourse* en 1900, pour étendre son rayon d'action.

Il a pour but de recueillir les enfants de ses membres titulaires décédés, jusqu'à ce qu'ils aient atteint l'âge de 16 ans.

Peuvent faire partie de l'*Orphelinat*, sans distinction de sexe, tous les employés, garçons de recettes et de bureaux faisant partie d'une maison de Banque depuis six mois au moins et âgés de 55 ans au plus.

A recueilli depuis sa fondation 36 orphelins.

Société d'Encouragement à la Mutualité. — Siège social : 14, *rue Milton*, Paris. — Présidents d'honneur : MM. Léon BOURGEOIS et Léopold MABILLEAU. Président : M. Marcel CHARLOT, Inspecteur général de l'Instruction publique.

La *Société d'Encouragement à la mutualité* a été fondée par M. Émile CHAPELIER, président honoraire de la Société la *Philanthropie commerciale* du département de la Seine, membre du Conseil supérieur d'Encouragement au bien.

Elle se propose de propager les idées neuves, de récompenser les initiatives, les travaux, de mettre en lumière le *Mérite mutualiste*.

Ses moyens d'action et de propagande sont variés. Le principal consiste dans un concours annuel dont l'importance ne cesse de s'accroître.

Elle fait, en fin d'année, une distribution solennelle des récompenses.

Elle publie un Bulletin trimestriel, un palmarès contenant la liste des prix et le texte des travaux récompensés.

Société de patronage des jeunes détenus et des jeunes libérés du département de la Seine. — Reconnue d'utilité publique. — Siège social : 9, rue Mézières, Paris.

La *Société de patronage* a pour but de préserver des dangers de la récidive et de rendre aux habitudes d'une vie honnête et laborieuse les jeunes détenus et les jeunes libérés du département de la Seine.

La Société a été fondée en 1833 par MM. Bérenger et Charles Lucas. Grâce à son action bienfaisante, un grand nombre de jeunes détenus sont devenus de bons ouvriers, des chefs d'atelier. Tous ont passé par les armées de terre ou de mer, plusieurs s'y sont distingués et y ont obtenu des grades; bref, la récidive, qui, au début de la Société, était de 75 %, varie aujourd'hui entre 2 et 5 %.

La magistrature a toujours suivi avec bienveillance les travaux de la Société, et beaucoup de magistrats font partie de la Société, soit comme souscripteurs, soit comme membres du Conseil d'Administration.

Société nationale d'encouragement au bien. Fondée en 1862. Reconnue d'utilité publique. — Siège social : 66, rue Caumartin, Paris.

But de la Société :

Propager dans toutes les classes les principes de religion, de moralité, les habitudes d'ordre, d'économie, de tempérance, de dévouement.

Combattre, par tous les moyens possibles, la funeste habitude du cabaret et du chômage volontaire du lundi.

Exciter le dévouement à la famille et à l'humanité, provoquer les bons soins aux parents âgés, pauvres et infirmes.

Améliorer la position matérielle des ouvriers et employés en leur démontrant, en toutes circonstances, qu'ils ne peuvent ren-

contrer l'aisance et le véritable bonheur que dans l'accomplissement du devoir, la soumission aux lois, la probité, le travail et
l'espoir en Dieu.

Assistance par le travail, placement gratuit.

Tendre la main aux faibles, raffermir les timides, signaler les
écueils et montrer la route aux pauvres égarés.

Distribuer tous les ans, aux lauréats et suivant la position de
chacun, à eux, ou à leurs enfants, des médailles d'honneur, des
livrets de caisses d'épargne, des diplômes.

Encourager, par des distinctions honorifiques et par des prix
offerts par M. le Ministre de l'Instruction publique, les collaborateurs et bienfaiteurs de l'Œuvre, ainsi que les écrivains
consciencieux, qui publient des ouvrages moraux et instructifs.

Théodore-Vibert (Paul), Conseiller du commerce extérieur de la
France. — 4, *rue Lechatelier*, Paris.

La Colonisation pratique et comparée. Deux volumes.

Union des Éducateurs tempérants végétariens. — Fondée en
1901 à Paris. Siège social :22, *rue Daumesnil*, à Vincennes.
— Directeur : M. Serin.

Cette union a pour but de vulgariser l'éducation nécessaire et
indispensable à côté de l'Instruction obligatoire. Les adhérents
s'engagent moralement à montrer l'exemple de la tempérance
dans toutes ses applications. Nous nous adressons de préférence
aux adultes qui représentent l'avenir, ce sont eux qui entrant
dans la vie ont intérêt à s'occuper de cette belle et grande question qu'est l'Éducation moderne sociale et rationnelle. Les
adultes des deux sexes auxquels nous nous adressons pourront
profiter des bienfaits de la tempérance, pour préparer l'union et
le bonheur de chacun dans la famille. Cette question des plus
importantes aura pour résultat de produire des générations
saines et d'éviter les maladies qui affligent l'humanité ; d'autre
part, elle préparera la longévité de l'existence.

TABLE DES MATIÈRES

PARIS. — IMPRIMERIE F. LEVÉ, RUE CASSETTE, 17.